Wilfried Heller (Hrsg.)

Jüdische Spuren im ehemaligen Sudetenland

Wilfried Heller (Hrsg.)

Jüdische Spuren im ehemaligen Sudetenland

Beiträge einer internationalen Tagung
vom 6. bis 8. Oktober 2017 in Eger (Cheb)

VERLAG INSPIRATION UN LIMITED

Bibliographische Information der Deutschen Nationalbibliothek

Die Deutsche Nationalbibliothek verzeichnet diese Publikation in der Deutschen Nationalbibliographie; detaillierte bibliographische Daten sind im Internet unter http://dnb.d-nb.de abrufbar.

© 2019 Verlag Inspiration Un Limited, London/Berlin

Das Werk einschließlich aller Inhalte ist urheberrechtlich geschützt. Alle Rechte vorbehalten. Nachdruck oder Reproduktion (auch auszugsweise) in jeglicher Form sowie die Einspeicherung, Verarbeitung, Vervielfältigung und Verarbeitung mit Hilfe elektronischer Systeme jeglicher Art, auch auszugsweise, ist nur mit vorheriger schriftlicher Genehmigung des Verlages zulässig. Alle Übersetzungsrechte vorbehalten. Die Bildrechte sind in den jeweiligen Buchbeiträgen bezeichnet.

Hinweis zur Toponymie: Der Verlag bevorzugt in seinen deutschsprachigen Veröffentlichungen die Verwendung deutscher Ortsnamen. Wo dies in diesem Buch anders gehandhabt wird, geschieht dies auf Wunsch der jeweiligen Autoren.

Das Bild auf der Titelseite zeigt die Synagoge in Jägerndorf. Quelle: Wikipedia, CC BY-SA 4.0, Vorderseite: Synagogakrnov (14.5.2015); Buchrückseite: Fred Weil (1.1.2005).

Umschlag: Katja Reimer, Zeichensetzen GmbH, 35578 Wetzlar

Satz: Markus Miller Satz + Bild, 80799 München

Lektorat: Wilfried Heller, Konrad Badenheuer

Druck: bookpress.eu, 10–408 Allenstein (Olsztyn), Polen

ISBN 978–3–945127–261 – Preis: 13,90 Euro

Vorwort

Die „Egerer Gespräche" 2017 befassten sich mit dem Thema „Jüdische Spuren im Gebiet des ehemaligen Sudetenlandes". Seit 1998 werden die in Eger (Cheb) stattfindenden, internationalen Tagungen vom „Bund der Egerländer Gemeinden" (BdEG) und seinem Bundeskulturwart organisiert. Das Symposium 2017 fand vom 6. bis 8. Oktober statt und hatte eine gute Resonanz. Gefördert wurde die Tagung dankenswerter Weise von der Bayerischen Staatsregierung für Arbeit und Soziales, Familie und Integration.

Die wissenschaftliche Leitung lag wie schon 2016 bei Prof. Dr. Wilfried Heller (Prof. em. Universität Potsdam, Lehrstuhl für Sozial- und Kulturgeographie, Migrationsforschung), der gemeinsam mit mir das Programm gestaltet hat.

Leider hat man es lange versäumt, sich intensiver mit den jüdischen Gemeinden in den sudetendeutschen Ortschaften zu befassen. Jahrhunderte lang lebte man meist friedlich zusammen. Im September 1938 mussten die meisten sudetendeutschen Juden aus der gemeinsamen Heimat ins Landesinnere fliehen, um ihr Leben zu retten. Die Verbleibenden wurden zum großen Teil über Theresienstadt nach Auschwitz in den Tod geschickt. Nur wenige kamen 1945 in ihre Heimatorte zurück. Mehr als 70 Jahre sind seither vergangen. Heute künden meist nur noch Friedhöfe von ihrer Existenz.

Prof. Dr. Wilfried Heller befasste sich in seinem Einführungsreferat mit den Zahlen der jüdischen Gemeinden und ihren Mitgliedern im Sudetenland und in Innerböhmen. Er entwickelte außerdem Fragestellungen, die bei der Beschäftigung mit „Spuren" erkenntnisleitend sein können. Dabei plädierte er für eine wissenschaftlich-systematische Reflexion über diesen Begriff der Alltagssprache und skizzierte weitere Forschungsfragen bei der Suche und Untersuchung von Spuren, wie sie Gegenstand dieses Buches sind.

Petr Brod sprach über das Schicksal jüdischer Denkmäler in der ehemaligen ČSSR und ließ keinen Zweifel daran, dass die Schäden unter vierzig Jahren Kommunismus immens waren. Über den Verlust der vielen großen Synagogen in den Städten des Sudetenlandes nach 1938 und über die heutige Situation der jüdischen Gemeinden in der ČR berichtete Dr. Tomáš Kraus. Dr. Eva Doležalová erinnerte an sie Anfänge der jüdischen Gemeinde in Eger und ihr Schicksal im Mittelalter. Dr. Sebastian Schott ging auf den speziellen Bau der Synagogen in der Oberpfalz und in Westböhmen ein. Über die jüdischen Friedhöfe im ehemaligen Bezirk Tachau, in Eger und Steingrub (Lomnička) bei Franzensbad (Františkovy Lázně) berichteten Dr. Wolf-Dieter Hamperl, Dr. Karl W. Schubsky und Werner Pöllmann. Eine Bilanz über den Umgang mit jüdischen Spuren in Komotau (Chomutov) und den jüdischen Museumsbeständen dort zog Dipl.-Ing. Stanislav Děd. Dieses Buch enthält außerdem einen Beitrag von Doz. Dr. Blanka Soukupová über die jüdischen Hinterlassenschaften im Grenzgebiet der böhmischen Länder in ihrer Entwicklung seit dem Jahre 1938. Als Autorin hat sie dankenswerterweise Petr Brod vorgeschlagen obwohl sie nicht Referentin war. Sein eigener Schlussbeitrag auf der Tagung beschrieb die Geschichte seiner Familie im böhmisch-sächsischen Grenzgebiet. Alle Teilnehmer fühlten sich am Ende des Tages abgerundet über das Thema informiert und sprachen von einem gelungenen Symposium. Diesen Eindruck verstärkte die Exkursion vom Sonntag. Unter Leitung von Dr. Karl W. Schubsky besuchten wir die jüdischen Friedhöfe in Amonsgrün (Úbočí) und Königsberg (Kynšperk nad Ohří) und die Gedenktafeln, die heute an den Friedhof und die Synagoge in Eger erinnern.

Ich danke den Autoren, dass sie ihre Tagungsbeiträge für diese Veröffentlichung zur Verfügung gestellt haben, Herrn Prof. Heller für die hervorragende Bearbeitung dieser Texte und dem Verleger Konrad Badenheuer für die Schlussredaktion mit nochmaliger, sorgfältiger Durchsicht aller Texte und für die qualitätsvolle Drucklegung.

Ein besonderer Dank gilt Herrn Dr. Ronald Berndt in Ansbach für die großzügige Unterstützung dieser Publikation.

München/Altenmarkt, im Dezember 2018

Dr. Wolf-Dieter Hamperl

Bundeskulturwart des BdEG, Kulturreferent der Sudetendeutschen Landsmannschaft (Bundesverband) und Vorsitzender des „Heimatkreisvereins Tachau e. V."

Inhalt

1. Einführung

Wilfried Heller: Jüdische Spuren im ehemaligen Sudetenland 8

2. Zur jüdischen Geschichte des Egerlandes

Eva Doležalová: Geschichte der jüdischen Bevölkerung von Eger (Cheb) im Mittelalter 25

Werner Pöllmann: Spuren jüdischer Binnenmigration in Böhmen am Beispiel von Steingrub (tschechisch: Lomnička) und Franzensbad (Františkovy Lázně) im Egerland 38

3. Jüdische Spuren sowie Träger und Maßnahmen für ihren Schutz im Gebiet der heutigen Tschechischen Republik

Blanka Soukupová: Jüdische Spuren in der Grenzregion der Böhmischen Länder nach dem Zweiten Weltkrieg 81

Tomáš Kraus: Zu Aufgaben, Maßnahmen, Problemen und Erfolgen der jüdischen Gemeinden in der ČR seit den 1990er Jahren 103

4. Jüdische Gemeindehäuser, Synagogen und Friedhöfe in der östlichen Oberpfalz und im Egerland

Sebastian Schott: Jüdische Gemeindehäuser und Synagogen in der östlichen Oberpfalz und im angrenzenden Westböhmen (ehemaliger politischer Bezirk Tachau/Tachov) – Anmerkungen zu ihrer Architekturgeschichte und Nutzung 109

Wolf-Dieter Hamperl: Jüdische Spuren im ehemaligen politischen Bezirk Tachau (tschechisch: Tachov) 127

5. Schicksal einer jüdischen Persönlichkeit und ihrer Familie

Stanislav Děd: Richard Goldmann und seine Botschaft für uns 143

6. Notiz zur Rettung der Synagoge von Jägerndorf (Krnov)

Konrad Badenheuer/Wilfried Heller 157

Autorinnen und Autoren 165

Einführung von Wilfried Heller: Jüdische Spuren im ehemaligen Sudetenland

Umfang und räumliche Verteilung der jüdischen Bevölkerung im Gebiet des ehemaligen Sudetenlandes vor und nach ihrer weitgehenden physischen Auslöschung, Überlegungen zum Begriff Spuren und zu Themen der Spurensuche sowie ein Überblick über die Beiträge dieses Sammelbandes.

Dieser Sammelband befasst sich mit Spuren, welche Juden im Sudetenland (s. u. Karte) hinterlassen haben, nachdem sie von dort durch Deutsche in den 1930er und 1940er Jahren vertrieben und zum großen Teil ermordet worden waren. Das Sudetenland wird in der Politik, den Medien und der Wissenschaft Deutschlands in der Regel behandelt als ein Gebiet, aus dem nach dem Zweiten Weltkrieg von der Regierung der Tschechoslowakei mehr als drei Millionen Menschen wegen ihrer Zugehörigkeit zur deutschen Nationalität vertrieben und viele Tausend von ihnen durch Tschechen auch ermordet wurden.[1] Es gibt seit langem aber auch Abhandlungen, die das Schicksal der jüdischen Bevölkerung in diesem Gebiet zum Gegenstand haben.[2]

---

1 Vgl. z. B. BOHMANN, Alfred: *Das Sudetendeutschtum in Zahlen*. Handbuch über den Bestand der sudetendeutschen Volksgruppe in den Jahren 1910 bis 1950. München 1959, S. 252. HABEL, Fritz Peter: *Dokumente zur Sudetenfrage – unerledigte Geschichte*. München 2003 (5., völlig neu bearbeitete Aufl.), S. 1210 ff. BADENHEUER, Konrad: *Die Sudetendeutschen – eine Volksgruppe in Europa*. München 2010 (3. Aufl.), S. 83–84.
2 Z. B.: ACKERMANN-GEMEINDE (Hrsg.): *Židé v Sudetech. Juden im Sudetenland*. Praha 2000. ALICKE, Klaus-Dieter (Hrsg.): *Lexikon der jüdischen Gemeinden im deutschen Sprachraum*. 3 Bände. Gütersloher Verlagshaus 2008. Derselbe: *Lexikon der jüdischen Gemeinden im deutschen Sprachraum, Internetpräsentation 2014* (http://juedische-Gemeinden.de/index.php/home). BUKOVEC, Predrag: *Ost- und südosteuropäische Juden im 19. und 20. Jahrhundert*. In: Europäische Geschichte Online (EGO). Hrsg. vom Institut für Europäische Geschichte (IEG). Mainz 2011-07-13 (http://www.ieg-ego.eu/bukovecp-2011-de). EUROPA IN DER REGION e. V. EVROPA V REGIONU o. s.: *Jüdische Spuren im bayerisch-böhmischen Grenzgebiet. Židovské stopy v bavorsko-české přihraniční oblasti*. Brennberg 2014. GRUNER, Wolf: *Die Judenverfolgung im Protektorat Böhmen und Mähren. Lokale Initiativen, zentrale Entscheidungen, jüdische Antworten 1939–1945*. Göttingen 2016. IGGERS, Wilma (Hrsg.): *Die Juden in Böhmen und Mähren. Ein historisches Lesebuch*. München 1986. KESTENBERG-GLADSTEIN, Ruth: *Neuere Geschichte der Juden in den böhmischen Ländern*. Tübingen 1969. OSTERLOH, Jörg: *Nationalsozialistische Judenverfolgung im Reichsgau Sudetenland 1938–1945*. München 2006. OTTE, Anton/KŘÍŽEK, Petr (Hrsg.): *Židé v Sudetech/*

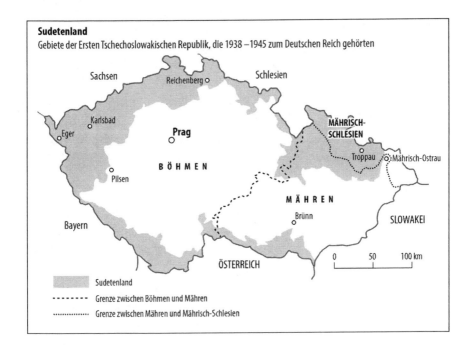

Anzahl und räumliche Verteilung der jüdischen Bevölkerung im Gebiet des ehemaligen Sudetenlandes und der heutigen Tschechischen Republik

Hier soll zunächst ein Überblick über die Größe und räumliche Verteilung der jüdischen Bevölkerung im Gebiet des Sudetenlandes und im Gebiet der heutigen Tschechischen Republik für die Zeit vor ihrer Vertreibung und weitgehenden physischen Auslöschung gegeben werden.

Im Jahre 1921 betrug die Mitgliederzahl der jüdischen Gemeinden in den böhmischen Ländern, d. h. im Gebiet der heutigen Tschechischen Republik, etwa 110.000. Davon entfielen etwa 24.000, also etwa 22 %, auf das Gebiet des Sudetenlandes (s. Tab. 1). Die tschechoslowakische Volkszählung im selben Jahr bestätigt diese Zahl näherungsweise, bei dieser Gelegenheit gaben 125.083 Personen

---

Die Juden im Sudetenland. Praha 2002. WLASCHEK, Rudolf M.: *Juden in Böhmen. (Beiträge zur Geschichte des europäischen Judentums im 19. Und 20. Jahrhundert).* München 1990 (zweite, umgearbeitete Ausgabe 1997).

in diesem Gebiet ihre Religionszugehörigkeit als jüdisch an³. Außerdem wurde bei diesem Zensus die Volkszugehörigkeit (Nationalität) erfragt und es war möglich, diese als „jüdisch" anzugeben, was allerdings in den Böhmischen Ländern damals erst etwa 30.000 Personen taten.⁴ Diese Zahl betrug damit nur knapp ein Viertel der Mitglieder der jüdischen Gemeinden. Die anderen drei Viertel nannten sich damals Angehörige anderer Nationalitäten, vor allem der deutschen. Denn anscheinend begriff sich der Großteil der Juden in sprachlicher Hinsicht als Deutsche und deklarierte sich deshalb in diesem Sinn. Dies kann wie folgt erklärt werden:⁵

1. Die jüdische Bevölkerung wurde in den böhmischen Ländern stark von der deutschen Bevölkerung beeinflusst. So galten beispielsweise die Prager Juden, die in den 1920er Jahren nach Angaben der jüdischen Gemeinden etwa 35.000 Angehörige zählten und damit fast ein Drittel der jüdischen Bevölkerung in den böhmischen Ländern ausmachten, als weitgehend an die deutschsprachige gebildete Schicht angeglichen. Die Volkszählung von 1921 wies etwa 30.000 deutsche Einwohner (im Sinne der Volkszugehörigkeit) in Prag aus. Also waren damals in Prag die deutschen Einwohner und die Mitglieder der jüdischen Gemeinden zahlenmäßig ähnlich stark vertreten. Zusammen stellten sie knapp 10 % der Einwohner der Stadt, wobei zu berücksichtigen ist, dass unter den damals 30.429 gezählten Prager Deutschen auch Juden waren, die bei der Volkszählung ihre Nationalität noch als „deutsch" angegeben hatten. Diese beiden Gruppen überschnitten sich also und können nicht direkt addiert werden.
2. Die tschechische Populärliteratur der Zeit nach dem Ersten Weltkrieg betrachtete die Juden im Allgemeinen als Deutsche und/oder Anhänger Österreichs.⁶

Im Unterschied zu den Ergebnissen der Volkszählung basieren die Angaben bei ALICKE 2014 u. a. auf den Angaben der jüdischen Gemeinden, die alle ihre Mitglieder berücksichtigten. Im Jahr 1921 existierten in den böhmischen Ländern

---

3   http://www.yivoencyclopedia.org/article.aspx/Czechoslovakia (aufgerufen am 13.8.2018)
4   PFOHL, Ernst: *Ortslexikon Sudetenland*. Nürnberg 1987 (= fotomechanischer Nachdruck von PFOHL, Ernst: *Orientierungslexikon der Tschechoslowakischen Republik*. Reichenberg 1931, 3. Aufl.).
5   Vgl. z. B. IGGERS 1986 (s. Fußnote 1), S. 12, 15, 16 und 312.
6   Vgl. z. B. ebenda, S. 312.

247 jüdische Gemeinden, von denen 97, d.h. etwa 40 %, auf dem Gebiet des Sudetenlandes lagen (s. Tab. 2). Mit etwa 110.000 Personen repräsentierten die Juden in den böhmischen Ländern der 1920er Jahre nur eine sehr kleine Minderheit. Ihre Zahl betrug nur etwas mehr als 1 % der Gesamtbevölkerung. Auch die thematisch einschlägige Sekundärliteratur[7] geht von dieser Größenordnung aus.

Es fällt auf, dass die jüdische Bevölkerung in den böhmischen Ländern in räumlicher Hinsicht sehr ungleichmäßig verteilt war. Etwa die Hälfte konzentrierte sich auf die drei Städte Prag, Brünn und Mährisch-Ostrau (s. Tab. 3). Um diese Verdichtung zu verdeutlichen, sei darauf hingewiesen, dass nur etwa 10 % der Gesamtbevölkerung der böhmischen Länder im Jahr 1921 in diesen drei Städten lebten. Auch hinsichtlich des Sudetenlandes zeigen sich räumliche Ungleichgewichte, die aber nicht so stark ausgeprägt waren (s. Tab. 4): Hier entfiel etwa die Hälfte der jüdischen Bevölkerung (50,7 %) auf zehn Städte, nämlich auf Teplitz, Karlsbad, Reichenberg, Aussig, Saaz, Gablonz und Brüx in Böhmen, Znaim und Nikolsburg in Mähren sowie Troppau in Mährisch-Schlesien. In diesen zehn Städten lebte etwa ein Fünftel der Gesamtbevölkerung des Sudetenlandes.

Auch innerhalb der einzelnen Regionen des Sudetenlandes war die jüdische Bevölkerung räumlich konzentriert. Im Egerland beispielsweise, d. h. in derjenigen Region, auf die sich ein großer Teil der folgenden Beiträge bezieht, gehörte fast die Hälfte der jüdischen Bevölkerung (46,2 %) in den 1920er Jahren allein zur jüdischen Gemeinde von Karlsbad (s. Tab. 5).[8] Insgesamt war im Egerland der Anteil der jüdischen Bevölkerung an der Gesamtbevölkerung mit 0,7 % eher noch etwas kleiner als im Durchschnitt des Sudetenlandes (0,8 %).

---

7   Z. B. BUKOVEC 2011 (s. Fußnote 1); IGGERS 1986 (s. Fußnote 1); SCHMIDT-HARTMANN, Eva: *Tschechoslowakei*. In: BENZ, Wolfgang (Hrsg.): Dimension des Völkermords. Die Zahl der jüdischen Opfer des Nationalsozialismus. München 1991, S. 353–379.
8   Die Zugehörigkeit zu einer jüdischen Gemeinde bedeutete nicht, dass auch der Wohnsitz am Ort der jüdischen Gemeinde eingenommen wurde. Es gab wesentlich mehr Orte, in denen u. a. auch Juden lebten, als jüdische Gemeinden. Beispielsweise wurden bei der Volkszählung im Jahre 1930 im politischen Kreis Tachov (Tachau) insgesamt 308 Personen erfasst, die sich als Juden bezeichneten. Ihre Wohnsitze verteilten sich auf 21 Orte. Aber nur in zweien dieser Orte hatten jüdische Gemeinden ihren Sitz, nämlich in der Stadt Tachau (Tachov) und in Neustadtl am Klinger (Stráž). 211 Einwohner dieser Orte wurden bei der Volkszählung von 1930 als Juden verzeichnet, und zwar 180 von Tachau und 31 von Neustadtl. Nur in diesen beiden Orten des politischen Kreises Tachau war jüdisches Gemeindeleben möglich. Synagogen gehörten dazu. (Vgl. Statistisches Staatsamt der Tschechoslowakischen Republik [Hrsg.]: Statistisches Gemeindelexikon der Tschechoslowakischen Republik. Auf Grundlage der Volkszählungsergebnisse vom 1.12.1930. Prag 1935, S. 355–359).

Nach der Angliederung des Sudetenlandes an das Deutsche Reich im Jahre 1938 und der im darauf folgenden Jahr durchgeführten Besetzung der sog. Resttschechei durch das Nazi-Regime ging die Zahl der jüdischen Bevölkerung in den Böhmischen Ländern dramatisch zurück: Ende 1939 betrug sie nur noch etwa 90.000,[9] Mitte Juni 1942 etwa 48.000,[10] im Jahre 1945 sogar nur noch etwa 14.000 bis 15.000.[11] Die Forschung geht aus von etwa 80.000 jüdischen Opfern durch Verfolgung, Zwangsarbeit, Deportation und Mord im Protektorat Böhmen und Mähren. Bis Oktober 1941 haben nur etwa 25.000 Juden aus dem Protektorat flüchten können.[12] Im Sudetenland hatte die nazistische Verfolgung bewirkt, dass noch vor dem Beginn des Zweiten Weltkriegs im Jahr 1939 die jüdische Bevölkerung dort fast ganz eliminiert war. Ihre Zahl betrug am 17. Mai 1939 nur noch etwa 2.300,[13] also weniger als ein Zehntel der Zahl von 1921. Bis zu diesem Zeitpunkt geht dieser Rückgang allerdings auf Vertreibung und noch nicht auf physische Vernichtung zurück.

Nach dem Krieg kehrten nur etwa 20.000 Juden in die Tschechoslowakei zurück.[14] Viele von ihnen verließen bald wieder die Tschechoslowakei. In den 1980er Jahren lebten dort offiziell nur noch etwa 3.000 Juden[15], zu denen jedoch eine bedeutende Dunkelziffer an Personen kam, die zumindest mütterlicherseits jüdischer Herkunft waren, aber weder einer jüdischen Gemeinde angehörten noch sich auf andere Weise als jüdisch zu erkennen gaben. Mit Wolf Gruner[16] lässt sich die Emigration der Juden in sozialistischer Zeit nicht nur mit den damals bestehenden schlechten allgemeinen Lebensbedingungen erklären, sondern auch mit dem in der bisher zur jüdischen Geschichte in der Tschechoslowakei vorliegenden Literatur oft unterschätzten Antisemitismus, der auch in der sozialistischen tschechoslowakischen Republik existierte.

Aktuell (2017) sind in den zehn jüdischen Gemeinden der Tschechischen Republik etwa 3.000 Mitglieder registriert, etwa 1.400 davon alleine in Prag. Die

---

9   Vgl. z. B. IGGERS 1986 (s. Fußnote 1), S. 316. Nach GRUNER 2016 (s. Fußnote 2), S. 395, belief sich die Zahl der jüdischen Bevölkerung am 31.12.1939 auf 97.761.
10 GRUNER 2016 (s. Fußnote 2), S. 395.
11 Vgl. IGGERS 1986 (s. Fußnote 1), S, 338. GRUNER 2016 (s. Fußnote 8), S. 289, nennt 14.000.
12 GRUNER 2016 (s. Fußnote 2), S. 289.
13 SCHMIDT-HARTMANN 1991 (s. Fußnote 5), S. 356.
14 IGGERS 1986 (s. Fußnote 1), S. 23.
15 Ebenda, S. 23.
16 GRUNER 2016 (s. Fußnote 2), s. z. B. S. 288.

Zahl der nicht-registrierten Juden in der Tschechischen Republik könnte sich vielleicht auf 10.000 bis 15.000 belaufen, so äußerte sich Tomáš Kraus, der Geschäftsführer der Föderation der jüdischen Gemeinden in der Tschechischen Republik.[17] Die zehn jüdischen Gemeinden in der Tschechischen Republik befinden sich – abgesehen von der jüdischen Gemeinde in Prag – in den folgenden Städten: Brno (Brünn), Děčín (Tetschen-Bodenbach), Karlovy Vary (Karlsbad), Liberec (Reichenberg), Olomouc (Olmütz), Ostrava (Mährisch-Ostrau), Plzeň (Pilsen), Teplice (Teplitz) und Ústí nad Labem (Aussig). Fünf dieser Städte liegen im Gebiet des ehemaligen Sudetenlandes, nämlich Děčín (Tetschen-Bodenbach), Karlovy Vary (Karlsbad), Liberec (Reichenberg), Teplice (Teplitz) und Ústí nad Labem (Aussig).

Zum Begriff Spuren

Welche heute erkennbaren Spuren gehen auf die jüdische Bevölkerung und ihre Kultur zurück? Bevor wir uns mit dieser und anderen Fragen anhand der folgenden Beiträge zu diesem Sammelband beschäftigen, sollen einige Überlegungen zum Begriff Spuren vorgestellt werden, weil vielleicht dadurch unsere Aufmerksamkeit bei der Spurensuche erhöht und der Blick auf die Spuren etwas geschärft werden kann.

Unter Spuren versteht man im allgemeinen Sprachgebrauch zunächst Gegenstände oder Zeichen, die absichtlich oder unabsichtlich Hinweise geben auf etwas, das einmal vorhanden war, z. B. auf Gebäude und Siedlungen, kulturelle und politische Einrichtungen, wirtschaftliche Aktivitäten, soziale Strukturen, Alltagsleben, Ernährungsgewohnheiten vergangener Populationen, religiöse Praktiken. In diesem Sinn können Spuren auch als Überreste oder Relikte bezeichnet werden.[18] Es kann sich dabei um Gebrauchsgegenstände, Bruchstücke und Trümmer von Gebäuden, Einrichtungen kultureller, religiöser und anderer Funktionen, sprachliche Zeichen, Formen künstlerischer Darstellung, Dokumente, Zeugnisse, Urkunden, Akten, Briefe und anderes Alltagsschriftgut, Bilder und Fotos handeln.

---

17 Nach JEWISH POST: *Prague: Jewish Hotspot in Europe.* New York 2017, S. 1. (http://www.jewishpost.com/archives/news/prague-jewish-hotspot-in-europe; Zugriff 30.09.2017). Ebenso in: EUROPEAN JEWISH CONGRESS: *The Jewish community of Czech Republic.* 2017, S. 1. (http://www.eurojewcong.org/communities/czech-republic.html; Zugriff 30.09.2017).
18 Vgl. z. B. die Ausführungen über Überrest unter https://de.wikipedia.org/wiki/Überrest (Zugriff: 30.06.2017).

Tab. 1: Jüdische Bevölkerung in Böhmen, Mähren und Mährisch-Schlesien sowie im Sudetenland (im Gebiet der Ersten Tschechoslowakischen Republik, das 1938–45 zum Deutschen Reich gehörte) 1920–1930*

Territorien	Anzahl der jüdischen Bevölkerung				Zum Vergleich: Gesamtbevölkerung 1921 (Volkszählungsergebnisse)	
	Insgesamt		Sudetenland			
	Anzahl	%	Anzahl	%	Anzahl	%
Böhmen	69.137	62,5	16.663	69,1	6.670.582	66,7
Mähren	37.279	33,7	3.327	13,8	2.662.884	26,6
Mährisch-Schlesien	5.224	4,7	4.124	17,1	672.268	6,7
Zusammen	110.640	100,0	24.114	100,0	10.005.734	100,0

Zusammengestellt unter Auswertung der folgenden Quellen:
ALICKE, Klaus-Dieter (Hrsg.): *Lexikon der jüdischen Gemeinden im deutschen Sprachraum.* Gütersloher Verlagshaus 2008.
Ders.: *Jüdische Gemeinden im deutschen Sprachraum. Internetpräsentationen 2014.* http://juedische-gemeinden.de/index.php/home (Zugriff: 28.01.2017)

* Die Daten für die meisten Gemeinden (52 %) aus ALICKE 2014 beziehen sich auf das Jahr 1921. Falls für 1921 keine Daten vorhanden sind, werden diejenigen Daten verwendet, die für das jeweils zeitnächste Jahr des Zeitraums 1920–1930 vorhanden sind.

Tab. 2. Jüdische Gemeinden in Böhmen, Mähren und Mährisch-Schlesien sowie im Sudetenland (im Gebiet der Ersten Tschechoslowakischen Republik, das 1938–1945 zum Deutschen Reich gehörte) 1920–1930*

Territorien	Anzahl der jüdischen Bevölkerung					
	Insgesamt			im Sudetenland		
	Anzahl	%	davon ohne statistische Angaben	Anzahl	%	davon ohne statistische Angaben
Böhmen	162	65,6	15	71	73,2	7
Mähren	75	30,4	3	18	18,6	–
Mährisch-Schlesien	10	4,0	–	8	8,2	–
Zusammen	247 (1)	100,0	18	97 (2)	100,0	7

* Quellen und Anm.: wie Tab. 1

Anmerkungen (1) und (2):
1. Etwa die Hälfte der jüdischen Bevölkerung Böhmens, Mährens und Mährisch-Schlesiens (55.000, d. h. 49,3 %) lebte allein in den drei Städten Prag, Brünn und Mährisch-Ostrau.
2. Etwa die Hälfte der jüdischen Bevölkerung der Gemeinden des Sudetenlandes (12.226, d. h. 50,7 %) entfiel auf die zehn Städte Teplitz, Karlsbad, Reichenberg, Aussig, Saaz, Gablonz und Brüx in Böhmen, Znaim und Nikolsburg in Mähren sowie Troppau in Mährisch-Schlesien.

Tab. 3: Die 20 bevölkerungsreichsten jüdischen Gemeinden Böhmens, Mährens und Mährisch-Schlesiens 1920–1930*

Prag (1925)	ca. 35.000
Brünn (Brno) (1930)	ca. 10.000
Mährisch-Ostrau (Ostrava) (1925)	ca. 10.000
Teplitz (Teplice) (1921)	*3.128*
Pilsen (1921)	3.094
Olmütz (Olomouc) (1928)	2.400
Karlsbad (Karlovy Vary) (1921)	*2.115*
Teschen (Ceský Tešin) (1921)	1.600
Budweis (Ceský Budějovice) (1921)	1.423
Proßnitz (Prostějov) (1930)	1.400
Reichenberg (Liberec) (1921)	*1.312*
Iglau (Jihlava) (1921)	1.180
Karwin (Karviná) (1930)	1.100
Aussig (Ustí nad Labem) (1921)	*976*
Saaz (Žatec nad Ohrí) (1921)	*907*
Znaim (Znojmo) (1922)	*840*
Nikolsburg (Mikulov) (1921)	*802*
Gablonz (Jablonec nad Nisou) (1921)	*801*
Oderberg (Bohumín) (1920)	800
Göding (Hodonín) (1921)	797

* Quellen und Anm.: wie Tab. 1
Kursivschrift bezeichnet Städte bzw. jüdische Gemeinden im ehemaligen Sudetenland.

Tab. 4: Die 20 bevölkerungsreichsten jüdischen Gemeinden des Sudetenlands (des Gebiets der Ersten Tschechoslowakischen Republik, das 1938–1945 zum Deutschen Reich gehörte) 1921/1922 *

Teplitz (Teplice)	3.128
Karlsbad (Karlovy Vary)	2.115
Reichenberg (Liberec)	1.312
Aussig (Ústí nad Labem)	976
Saaz (Žatec nad Ohří)	907
Znaim (Znojmo) (1922)	840
Nikolsburg (Mikulov)	802
Gablonz (Jablonec nad Nisou)	801
Brüx (Most)	737
Troppau (Opava)	608
Eger (Cheb)	505
Marienbad (Marianske Lázně)	495
Falkenau (Sokolov)	484
Komotau (Chomutov)	483
Leitmeritz (Litomerice)	462
Bodenbach-Tetschen (Děčín)	423
Jägerndorf (Krnov)	385
Neuern-Klattau (Nýrsk-Klatovy)	344
Böhmisch-Leipa (Česky Lípa)	305
Mies (Stříbro)	300

Die Zahl für Znaim bezieht sich auf das Jahr 1922, alle anderen Angaben auf das Jahr 1921; * Quellen und Anm.: wie Tab. 1

Tab. 5: Mitgliederzahl der jüdischen Gemeinden des Egerlandes (Gebiet des Regierungsbezirks Eger 1938–1945 ohne die polit. Bezirke Kaaden, Podersam, Pressnitz, Saaz und St. Joachimsthal) 1920–1930*

Karlsbad (Karlovy Vary)	2.115
Eger (Cheb)	505
Marienbad (Marianske Lázně)	495
Falkenau (Sokolov)	484
Mies (Stříbro)	300
Tachau (Tachov)	260
Franzensbad (Františkovy Lázně)	100
Weseritz (Bezdružice)	82
Staab (Stod)	57
Lichtenstadt (Hroznětín)	44
Dürrmaul (Drmoul)	35
Königsberg (Kynšperk nad Ohří)	30
Luck (Luka)	20
Piwana (Pňovany)	18
Königswart (Kinžvart)	12
Kuttenplan (Chodová Planá)	10
Langendorf (Schüttenhofen) (Dlouhá Ves u Sušice)	8
Klein-Schüttüber (Malá Sitboř)	k. A.
Nedraschütz (Nedražice)	k. A.
Pauten (Poutnov)	k. A.
Zusammen	4.575

* Quellen und Anm.: wie Tab. 1

Spuren können als Quellen für die Rekonstruktion und das Verstehen von Leben und Wirken ehemaliger menschlicher Gemeinschaften dienen. Spuren sind Teile der physischen Welt, die Auskünfte und Erklärungen bieten können über Handlungen und Prozesse, die in der sozialen Welt vollzogen wurden bzw. abliefen.[19]

Spuren haben zwar ihr materielles Substrat, aber es geht eigentlich um ihre Bedeutung, und zwar die Bedeutung, welche die ehemaligen Gegenstände und Strukturen für diejenigen Menschen hatten, die sie hergestellt haben, und für diejenigen Menschen, die sie später nutzten oder veränderten. Um zu erfahren, auf welche gesellschaftlichen Sachverhalte eine Spur hinweist, muss man den jeweiligen Kommunikationszusammenhang bzw. das soziale System berücksichtigen, zu dem die Spur gehört.

Des Weiteren stellt sich die Forschung über Spuren die Frage, wie die Gesellschaft und ihre Gruppierungen früher und heute mit den Spuren umgehen, ob sie die Spuren nur in musealer Hinsicht hegen und pflegen oder ob sie sie in die bestehende soziale Welt einbringen, sie vielleicht sogar als Begegnungsstätten verschiedener Bevölkerungsgruppen herrichten, z. B. von Nachkommen derjenigen Bevölkerungsgruppen, von denen die Spuren zeugen.

Es geht dabei auch um die Aufgabe, die verschiedene Sicht auf Spuren darzustellen. Angehörige und Nachkommen der ehemaligen Lebensgemeinschaften zeigen andere Sichtweisen als Außenstehende, denen es vielleicht „nur" um die Bewahrung kultureller Vielfalt, um Toleranz, um Erinnern an vergangene Zeiten gesellschaftlichen Lebens oder an Ungerechtigkeit und Verbrechen geht. Andere Bevölkerungsgruppen können mit anderen Interessen die Spuren betrachten, z. B. können manche nur die Spuren verstehen wollen ohne die Absicht, weitere Fragen zu verfolgen.

Spuren können also mit unterschiedlichem Interesse wahrgenommen und gelesen werden. Das Wissen über die Spuren kann somit auch mit unterschiedlicher Zielsetzung vermittelt werden. Es kann auch die Frage verfolgt werden, welche Spuren von denjenigen, die Spuren studieren, ausgewählt werden, wofür und wie sie sich interessieren, welche Themen sie auswählen und welche sie ausblenden.

---

19 Vgl. HARD, Gerhard: *Geographie als Spurenlesen. Eine Möglichkeit, den Sinn und die Grenzen der Geographie zu finden.* In: Zeitschrift für Wirtschaftsgeographie, Jg. 33, 1989, H. 1/2, S. 2–11.

Mögliche Themen einer Spurensuche

Die Beschäftigung mit Spuren kann Einstieg in eine Reihe von Themen bieten. Einige dieser im Folgenden genannten Themen bzw. Aspekte dieser Themen werden in den folgenden Beiträgen zu diesem Sammelband angesprochen. Als Themen, welche die Spurensuche strukturieren können, werden hier die folgenden fünf als Beispiele aufgelistet:

1. Jüdische Geschichte im Rahmen von Politik-, Wirtschafts- und Sozialgeschichte sowie Kunstgeschichte: Dazu zählt u. a. auch das Studium der Teilhabe und Mitwirkung der jüdischen Bevölkerung am kulturellen und gesellschaftlichen Leben sowie an der Politik in den böhmischen Ländern allgemein sowie das Studium der familiären Strukturen und von Vor- und Familiennamen der jüdischen Bevölkerung.
2. Jüdische Geschichte im Rahmen von Lokal- und Regionalgeschichte.
3. Kultus und Religion der jüdischen Gemeinden: Bei der Beschäftigung mit diesem Thema können z. B. Ähnlichkeiten und Unterschiede zum Christentum und zu anderen Religionen dargestellt werden. Oder es kann die hebräische Schrift studiert werden, wodurch das Interesse für die Entwicklung der Schrift verschiedener Sprachen angeregt werden kann. Unter dem Thema von Kultus und Religion können Formen der Friedhofs- und Grabgestaltung sowie Formen des Trauerns und des Gedenkens studiert werden.
4. Einflüsse der institutionellen und ökonomischen Umwelt auf die jüdische Bevölkerung, wie z. B. die rechtliche Stellung der Juden im Laufe der Geschichte und die Bedeutung von Industrialisierung und Verstädterung im 19. und 20. Jahrhundert für die Entwicklung der jüdischen Gemeinden.
5. Die Folgen von Antisemitismus und Nazi-Terror für die jüdische Bevölkerung generell und an besonderen Orten: Diese Thematik kann sowohl gesondert als auch im Zusammenhang mit anderen Themen behandelt werden.

Überblick über die Beiträge dieses Sammelbandes

Die folgenden acht Beiträge lassen sich nach vier Themen und einer Notiz zur Geschichte der Synagoge von Jägerndorf (Krnov) gliedern:

1. Thema: Zur jüdischen Geschichte des Egerlandes

Mit diesem Thema befassen sich zwei Beiträge. Eva Doležalová behandelt die Geschichte der jüdischen Bevölkerung von Eger (Cheb) im Mittelalter. Spätestens seit dem 12. Jahrhundert sind in Eger Juden nachweisbar. Die Autorin stellt die Unterschiede zwischen der jüdischen Besiedlung Egers, deren Anfänge mit der jüdischen Besiedlung im Heiligen Römischen Reich verbunden sind, und den Entwicklungen in den übrigen Gemeinden Böhmens und Mährens dar. Schwerpunkte der Ausführungen liegen auf der Migrationsgeschichte, der wechselvollen politischen Geschichte und den damit zusammenhängenden sich verändernden rechtlichen Stellungen sowie der ökonomischen Bedeutung der jüdischen Bevölkerung.

Der zweite Beitrag stammt von Werner Pöllmann, der sich mit Spuren jüdischer Binnenmigration in Böhmen am Beispiel von Steingrub (Lomnička) und Franzensbad (Františkovy Lázně) beschäftigt. Anhand der Betrachtung materieller Spuren, wie vor allem von Gebäuden und Friedhöfen, sowie der Darstellung des Wirkens und der Schicksale einiger jüdischer Familien und Persönlichkeiten lässt der Autor die Geschichte der jüdischen Bevölkerung lebendig werden. Schwerpunkte bilden seine Ausführungen über die komplexe Geschichte der Franzensbader Israelitischen Gemeinde und über die jüdischen Brunnen- und Badeärzte des Heilbade- und Kurortes Franzensbad.

2. Thema: Jüdische Spuren sowie Träger und Maßnahmen für ihren Schutz im Gebiet der heutigen Tschechischen Republik

Auch diesem Thema sind zwei Beiträge gewidmet. Im ersten Beitrag geht Blanka Soukupová den jüdischen Spuren in der Grenzregion der Böhmischen Länder, d. h. im ehemaligen Sudetenland, aus der Zeit nach dem Zweiten Weltkrieg nach. In chronologischer Weise werden dabei die folgenden Sachverhalte behandelt: Zerstörungen jüdischer Kulturlandschaftselemente in der Zeit kurz vor dem Krieg und während des Krieges sowie Verschwinden und Bedrohung von jüdischen Spuren in der Nachkriegszeit bis zur politischen Wende im Jahr 1989 und die Rolle des tschechoslowakischen Staates. Der Beitrag mündet in die Schlussfolgerung, dass trotz aller Bemühungen um eine Wiedergeburt des „jüdischen Geistes" … „eine Landschaft ohne ihre ursprüngliche Bevölkerung nie wieder ihre frühere Qualität haben wird."

Im zweiten Beitrag zu diesen Thema berichtet Tomáš Kraus über Aufgaben, Maßnahmen, Probleme und Erfolge der Föderation der jüdischen Gemeinden in der Tschechischen Republik seit den 1990er Jahren. Gerade auch in den Verhandlungen der Föderation mit dem tschechischen Staat über die Restitution jüdischen Eigentums wechseln sich Erfolge mit Enttäuschungen ab.

3. Thema: Jüdische Gemeindehäuser, Synagogen und Friedhöfe in der östlichen Oberpfalz und im Egerland

Zu diesem Thema liegen ebenfalls zwei Beiträge vor. Im ersten Beitrag arbeitet Sebastian Schott anhand von zwei Beispielen in der Oberpfalz und in Böhmen, nämlich von Floß und von Weiden bzw. von Tachau (Tachov) und Schönwald (Lesná) unterschiedliche Typen von Synagogen heraus und bereichert dadurch den Wissensbestand über die Architektur und die Nutzung von Synagogen auch allgemein.

Im zweiten Beitrag präsentiert Wolf-Dieter Hamperl seine Recherchen über jüdische Geschichte und Spuren im ehemaligen politischen Bezirk Tachau (Tachov). Im Vordergrund stehen dabei die Friedhöfe von sieben Orten. Seine Analysen schließen mit Hinweisen auf Erfolge bei Maßnahmen für die Sicherung und Pflege jüdischer Kulturarbeit, die seit den 1990er Jahren erzielt wurden.

4. Thema: Schicksal einer jüdischen Persönlichkeit und ihrer Familie

Das unter diesem Thema beschriebene Schicksal einer jüdischen Persönlichkeit und ihrer Familie steht für viele andere Schicksale. Stanislav Děd stellt den Juristen Dr. Richard Goldmann (1861–1924) vor, der sich in hervorragender Weise für seine Heimatstadt (Komotau/Chomutov) engagiert hat. Anhand von Beispielen der baulichen, ökonomischen, sozialen und kulturellen Entwicklung der Stadt, die mit den Leistungen Dr. Goldmanns zusammenhängen, würdigt Děd das Lebenswerk von Dr. Goldmann, der leider bis heute noch keine angemessene offizielle Anerkennung in der Tschechischen Republik erfahre.

5. Notiz zur Geschichte der Synagoge von Jägerndorf (Krnov)

Das Foto auf dem Titelblatt des Sammelbandes zeigt die Synagoge von Jägerndorf (Krnov) nach ihrer Renovierung, die von 2003 bis 2014 erfolgte. Dieses Bauwerk gehört zu den wenigen Synagogen im Deutschen Reich, die nicht in der Pogromnacht vom 9. November 1938 zerstört wurden. Im Beitrag des Herausgebers und des Verlegers wird auf die Geschichte der Rettung dieser Synagoge hingewiesen.

Weiterer Forschungsbedarf

Untersuchungen über jüdische Spuren können im Rahmen von Themen durchgeführt werden, wie sie oben im Kapitel „Mögliche Themen einer Spurensuche" als Beispiele aufgelistet sind. Die empirischen Beiträge des vorliegenden Sammelbandes betreffen im Wesentlichen das dort genannte Thema Nr. 2 („Jüdische Geschichte im Rahmen von Lokal- und Regionalgeschichte") und teilweise auch das Thema Nr. 1 („Jüdische Geschichte im Rahmen von Politik- , Wirtschafts- und Sozialgeschichte und Kunstgeschichte") sowie auch Aspekte der anderen drei aufgeführten Themen. Die Beiträge lassen sich dabei vor allem von den folgenden Fragen leiten:
1. Welche Spuren können festgestellt werden (z. B. religiöse und weltliche Bauten und Anlagen, ihr Erhaltungszustand; Gegenstände; Aufzeichnungen über ehemalige bauliche Ensembles und Siedlungsstrukturen)?
2. Was gibt es an Maßnahmen für die Sicherung und die Renovierung sowie den Erhalt und die Pflege der Spuren? Wer ist daran beteiligt? Welche Erfolge können verzeichnet werden? Welche Probleme können entstehen?

Abgesehen von Untersuchungen weiterer lokaler und regionaler Fälle, die sich an diesen Fragen orientieren, besteht zusätzlicher Forschungsbedarf bei der Beschäftigung mit den folgenden Fragenkomplexen:
1. Wie differenziert werden die Spuren wahrgenommen: von Behörden, der Öffentlichkeit, den Medien und der Politik, von Literatur und Kunst, von Wissenschaften? Welche Rolle spielen die Spuren im kollektiven Gedächtnis der Bevölkerung der Tschechischen Republik und Deutschlands? Wie werden sie in die nationalen Erinnerungskulturen eingebunden? Lassen sich bestimmte Muster des Gedenkens erkennen? Wie sind Überlebende und Nachkommen der jüdischen Bevölkerung an der Erinnerungskultur beteiligt?

2. Welche Erkenntnisse können aus den Antworten zu diesen Fragen gezogen werden? Was gibt es an Perspektiven für den Bestand und die Bewahrung der Spuren als Teile der jüdischen, deutschen und tschechischen Geschichte und der europäischen Geschichte allgemein?

Arbeiten über diese und andere Themen sind notwendig, damit die Erinnerung an die jüdische Geschichte im ehemaligen Sudetenland nicht verloren geht, damit das kollektive Gedächtnis für jüdische Kultur und Geschichte in diesem Raum bewahrt wird. Die Kooperation mit den gegenwärtigen jüdischen Gemeinden der Tschechischen Republik wird dafür hilfreich und notwendig sein.

Literaturhinweise

ACKERMANN-GEMEINDE (Hrsg.): *Židé v Sudetech. Juden im Sudetenland.* Praha 2000.

ALICKE, Klaus-Dieter (Hrsg.): *Lexikon der jüdischen Gemeinden im deutschen Sprachraum.* 3 Bände. Gütersloher Verlagshaus 2008.

Derselbe: *Lexikon der jüdischen Gemeinden im deutschen Sprachraum.* Internetpräsentation 2014 (http://juedische-gemeinden.de/index.php/home).

BADENHEUER, Konrad: *Die Sudetendeutschen – eine Volksgruppe in Europa.* München 2010 (3. Aufl.) (= Sudetendeutscher Rat e.V. [Hrsg.]: Band 23 der Reihe Mitteleuropäische Quellen und Dokumente).

BOHMANN, Alfred: *Das Sudetendeutschtum in Zahlen. Handbuch über den Bestand der sudetendeutschen Volksgruppe in den Jahren von 1910 bis 1950. Die kulturellen, soziologischen und wirtschaftlichen Verhältnisse im Spiegel der Statistik.* Hrsg.: Sudetendeutscher Rat e.V.; München 1959.

BUKOVEC, Predrag: *Ost- und südosteuropäische Juden im 19. und 20. Jahrhundert.* In: Europäische Geschichte Online (EGO). Hrsg. vom Institut für

Europäische Geschichte (IEG). Mainz 2011-07-13 (http://www.ieg-ego.eu/bukovecp-2011-de).

EUROPA IN DER REGION e.V. EVROPA V REGIONU o.s.: *Jüdische Spuren im bayerisch-böhmischen Grenzgebiet. Židovské stopy v bavorsko-české přihraniční oblasti.* Brennberg 2014.

EUROPEAN JEWISH CONGRESS: *The Jewish Community of Czech Republic.* 2017 (http://www.eurojewcong.org/communities/czech-republic.html).

FIEDLER, Jiři: *Geschichte und Denkmäler der jüdischen Gemeinde in Bečov und Teplou.* In: Vydalo město Bečov nad Teplou za podpory projektu FMP Phare CBC. Stadt Petschau mit Förderung des Projektes FM Phare CBC (Hrsg): VOREL, Tomaš: Sbornik 600 let Bečova. Sammelband 600 Jahre der Stadt Petschau. Bečov nad teplou 1999, S. 112–120.

FIEDLER, Jiří/CHVÁTAL, Václav Fred: *Židovské památky Tachovska, Plánska a Stříbrska. Jüdische Denkmäler in Tachau, Plan und Mieser Land.* Domažlice 2008.

FRANK, Chaim: *Juden in der ehemaligen Tschechoslowakei.* 1998 (http://www.hagalil.com/czech/juedische-geschichte/cssr-11.htm)

GOLD, Hugo: *Die Juden und die Judengemeinden Mährens in Vergangenheit und Gegenwart. Ein Sammelwerk.* Jüdischer Buch- und Kunstverlag. Brünn 1929.

GOLD, Hugo (Hrsg): *Die Juden und die Judengemeinden Böhmens in Vergangenheit und Gegenwart.* Brünn, Prag 1934.

GOLD, Hugo (Hrsg.): *Gedenkbuch der untergegangenen Judengemeinden Böhmens.* Tel Aviv 1974.

GRUNER, Wolf: *Die Judenverfolgung im Protektorat Böhmen und Mähren. Lokale Initiativen, zentrale Entscheidungen, jüdische Antworten 1939–1945.* Göttingen 2016.

IGGERS, Wilma (Hrsg.): *Die Juden in Böhmen und Mähren. Ein historisches Lesebuch.* München 1986.

HABEL, Fritz Peter: *Dokumente zur Sudetenfrage – unerledigte Geschichte.* München 2003 (5., völlig neu bearbeitete Aufl.).

HARD, Gerhard: *Geographie als Spurenlesen. Eine Möglichkeit, den Sinn und die Grenzen der Geographie zu finden.* In: Zeitschrift für Wirtschaftsgeographie, Jg. 33, 1989, H. 1/2, S. 2–11.

JEWISH POST: *Prague: Jewish Hotspot in Europe.* New York 2017 (http://www.jewishpost.com/archives/news/prague-jewish-hotspot-in-europe).

KESTENBERG-GLADSTEIN, Ruth: *Neuere Geschichte der Juden in den böhmischen Ländern.* Tübingen 1969.

OSTERLOH, Jörg: *Nationalsozialistische Judenverfolgung im Reichsgau Sudetenland 1938–1945.* München 2006.

OTTE, Anton/KŘÍŽEK, Petr (Hrsg.): *Židé v Sudetech. Die Juden im Sudetenland.* Praha 2002.

PFOHL, Ernst: *Ortslexikon Sudetenland.* Nürnberg 1987 (= fotomechanischer Nachdruck von PFOHL, Ernst: Orientierungslexikon der Tschechoslowakischen Republik. Reichenberg !931; 3. Aufl.).

SCHMIDT-HARTMANN, Eva: *Tschechoslowakei.* In: BENZ, Wolfgang (Hrsg.): Dimension des Völkermords. Die Zahl der jüdischen Opfer des Nationalsozialismus. München 1991, S. 353–379.

SEIBT, Ferdinand (Hrsg.): *Die Juden in den böhmischen Ländern. Vorträge der Tagung des Collegium Carolinum in Bad Wiessee (1981).* München, Wien 1983.

STATISTISCHES STAATSAMT DER TSCHECHOSLOWAKISCHEN REPUBLIK (Hrsg.): *Statistisches Gemeindelexikon der Tschechoslowakischen Republik. Auf Grundlage der Volkszählungsergebnisse vom 1.12.1930.* Prag 1935.

WLASCHEK; Rudolf M:. *Juden in Böhmen. (Beiträge zur Geschichte des europäischen Judentums im 19. und 20. Jahrhundert.)* München 1990 (2., umgearbeitete Ausgabe 1997).

Eva Doležalová

Geschichte der jüdischen Bevölkerung von Eger (Cheb) im Mittelalter

1. Juden in Böhmen und Mähren im Mittelalter

Spätestens ab dem 11. Jahrhundert ließen sich Juden auf Dauer in Böhmen und Mähren nieder.[20] Bis dahin waren sie eher des Handels wegen oder in den Diensten ihrer Herren gekommen und hatten sich wahrscheinlich nur für eine gewisse Zeit auf diesem Territorium aufgehalten. Von Anfang an siedelten sich die Juden in den bedeutenden Fürsten- und später Königsstädten an – vor allem in der Landeshauptstadt Prag. Zunächst handelte es sich um einige Dutzend Personen. Praktisch sofort nach ihrer dauerhaften Ansiedlung begannen die Juden als exklusiver Besitz der böhmischen Herzöge und Könige zu gelten. Diesen bzw. der königlichen Kammer wurde die Judensteuer entrichtet, und nur sie waren berechtigt, über die Orte zu entscheiden, an denen sich die Juden auf Dauer niederlassen durften.

Obwohl wir die Juden in Böhmen und Mähren traditionell den Aschkenasim im mittelalterlichen Heiligen Römischen Reich zurechnen, entwickelte sich ihre Besiedlung hier langsamer und später als im Kernreich. Eine der zentralen Fra-

---

20 Blechová, Lenka/Doležalová, Eva/Musílek, Martin/Zachová, Jana/Polakovič, Daniel/Visi, Tamás: *Prameny k dějinám Židů v Čechách a na Moravě ve středověku. Od počátků do roku 1347.* In: Historický ústav AV ČR, Praha (Filosofia) 2015. (Archiv český, 41) Praha 2015;
BONDY, Bohumil/DVORSKÝ, František (Hrsg.): *K historii Židů v Čechách, na Moravě a v Slezsku : 906 až 1620. K vydání upravil a doplnil František Dvorský.* Praha (Knihkupectvi Fr. Řivnáče) 1906;
ARONIUS, Julius (Hrsg.): *Regesten zur Geschichte der Juden im Fränkischen und Deutschen Reiche.* Berlin (Verlag von Leonhard Simion) 1902;
AVNERI, Zvi (Hrsg.): *Germania Judaica II/1. Von 1238 bis zur Mitte des 14. Jahrhunderts (Aachen – Luzern).* Tübingen (Mohr Siebeck Verlag) 1968;
AVNERI, Zvi (Hrsg.): *Germania Judaica II/2. Von 1238 bis zur Mitte des 14. Jahrhunderts (Maastricht – Zwolle).* Tübingen (Mohr Siebeck Verlag) 1968;
MAIMON, Arye/BREUER, Mordechai/GUGENHEIM, Yacov (Hrsg.): *Germania Judaica III/2 (1350–1519).* Tübingen (Mohr Siebeck Verlag) 1995

gen, auf die wir bis heute keine völlig zufriedenstellende Antwort gefunden haben, bezieht sich auf die Herkunft der hier ansässigen Juden. Es wurde sogar die Hypothese formuliert, dass die Mehrheit der böhmischen und mährischen jüdischen Gemeinden in früherer Zeit von bereits existierenden Judengemeinden in deutschen Städten aus gegründet worden sein könnten. Ein Beleg dafür könnten die lebhaften Kontakte sein, die zwischen den böhmischen Judengemeinden (besonders in Prag) und den jüdischen Gemeinden im Reich (außerhalb Böhmens) – besonders in Regensburg und Nürnburg – gepflegt wurden. Die Juden in Südmähren orientierten sich häufig nach Österreich, vor allem nach Wien. Diese Kontakte sind schon seit dem 11. Jahrhundert nachweisbar und brachen wohl nie wieder ganz ab. Allerdings lassen sie sich für das Hochmittelalter nur schwer dokumentieren. Eine Ausnahme bilden hier die Nachrichten aus der Böhmischen Chronik des Václav Hájek von Libočan (in der deutschen historischen Literatur auch bekannt als Wenzeslaus Hagek von Libotschan), die jedoch erst im 16. Jahrhundert verfasst wurde und von der bekannt ist, dass sie eine Reihe ausgedachter oder literarisch bearbeiteter Geschichten enthält.[21] Hájek erwähnt Kontakte der Prager Juden zu weiteren Reichsstädten, z. B. Frankfurt (am Main) und Trier.[22] Seine Nachrichten betreffen aber zumeist angebliche Ritualverbrechen und bezeichnen die Juden im Reich als deren Anstifter. Hájeks Texte reagieren zudem offensichtlich auf jüngere antijüdische Propagandatexte und dürfen daher nicht als eindeutiges Beweismaterial verwendet werden. In den mittelalterlichen Quellen böhmischer Provenienz vor Hájeks Chronik finden sich keine Belege für direkte Verbindungen der böhmischen Judengemeinden mit den genannten Reichsstädten.

Ungefähr ab dem 13. Jahrhundert siedelten die Juden auch in weiteren königlichen und untertänigen Städten. Dazu war es vermutlich unter direkter Beteiligung des Herzogs oder Königs gekommen. Über die Herkunft dieser Juden ist nichts Näheres bekannt. Ein Unterschied im Vergleich mit den Verhältnissen im Reich ist der Exklusivanspruch des böhmischen Herzogs oder Königs (nicht etwa des römischen Königs) auf die böhmischen Juden in Form eines Herrscherregals. Es sollte sehr lange dauern, bis der böhmische König auf Drängen des

---

21 HÁJEK Z LIBOČAN, Václav: *Kronyka Czeska*. Praha (Jan Severin ml. a Ondřej Kubeš ze Žípů) 1541;
LINKA, Jan (Hrsg.): Václav Hájek z Libočan: *Kronika česká*. Praha (Verlag Academia) 2013
22 Z. B. Blechová, Lenka / Doležalová, Eva / Musílek, Martin / Zachová, Jana / Polakovič, Daniel / Visi, Tamás: *Prameny k dějinám Židů*, 2015, No. 83, S. 89

Adels die Ansiedlung von Juden auch auf adligem Besitz erlaubte. Die ältesten entsprechenden Quellen stammen aus den neunziger Jahren des 13. Jahrhunderts. Damals schenkte König Wenzel II. den Herren von Neuhaus für deren neue Stadt Neuhaus (Jindřichův Hradec) acht Juden – wahrscheinlich acht jüdische Familien – und bestimmte, dass nur diese Personen in der Stadt Geld gegen Zinszahlung verleihen durften. Später wurden die Juden dem Adel nur geliehen, wobei die Adligen sie auf beliebigen Gütern ihrer Herrschaft ansiedeln konnten. So stand es beispielsweise im Privileg für Peter von Rosenberg (tschechisch: Petr I. z Rožmberka) aus dem Jahr 1334.[23] Noch länger dauerte es, bis auch kirchliche Würdenträger und Städte Juden besitzen durften. Entsprechende Belege stammen erst aus der Luxemburger-Zeit.

Ihre maximale Ausdehnung erreichte die mittelalterliche jüdische Besiedlung in Böhmen und Mähren Ende des 14. Jahrhunderts dank der direkten Unterstützung besonders der ersten drei Herrscher aus der Luxemburger-Dynastie – Johann, Karl IV. und Wenzel IV. Vermutlich um die Mitte des 14. Jahrhunderts gelangten die ersten Juden auch in kleinere und weniger bedeutende Städte und vielleicht sogar in Dörfer. Anders als noch in der Politik der Přemyslidenkönige (also bis 1306) waren die Juden ein wichtiger Teil der Finanzpolitik der Luxemburger. Sie wurden zum Handelsobjekt des Herrschers gegenüber dem Adel oder den Städten, wobei der Herrscher sich zugleich bemühte, die Juden auf dem Gebiet seiner Kronländer (Böhmen und Mähren) konsequent vor möglichen Angriffen zu schützen und außerdem (vielleicht sogar hauptsächlich) das Recht der Juden auf Schuldeneintreibung zu verteidigen. Die Schutzmaßnahmen der Luxemburger gegen mögliche Pogrome sollten wohl solche Geschehnisse verhindern, wie sie sich zur gleichen Zeit im Reich oder in Österreich abspielten – Böhmen und Mähren wurden hiervon nur am Rande gestreift, so zum Beispiel Südmähren nach den Ereignissen im österreichischen Pulkau 1338.[24] Trotzdem gab es auch in Böhmen und Mähren im 14. Jahrhundert, besonders in der zweiten Jahrhunderthälfte, Spannungen zwischen Christen und Juden, die zum Teil durch äußere Ereignisse und eschatologische Stimmungen angefacht wurden,

---

23 ebenda, No. 150, S. 135
24 WIEDL, Birgit: *Die Pulkauer Judenverfolgungen (1338) im Spiegel österreichischer, böhmischer und mährischer Quellen*. In: TEUFEL, Helmut/KOCMAN, Pavel/ŘEPA, Milan (Hrsg.): *„Avigdor, Beneš, Gitl" – Juden in Böhmen, Mähren und Schlesien im Mittelalter. Samuel Steinherz (* 1857 Güssing † 1942 Theresienstadt) zum Gedenken*. Brünn, Prag (Historický ústav), Essen (Klartext-Verlag) 2016, S. 129–158

zum Teil aber auch auf die Wirtschaftskrise zurückgeführt werden können. Die Luxemburger, die zugleich auch auf dem römischen Königsthron saßen – Karl, Wenzel und Sigismund –, behandelten die Juden in ihren Kronländern und den Juden im Reich sehr unterschiedlich. Während „ihre" böhmischen und mährischen Juden zu den Fundamenten der unabhängigen landesherrlichen Wirtschaftspolitik gehörten, wurden die Juden im Reich von ihnen pragmatisch ausgenutzt und geopfert.

Die Luxemburger unterstützten die (Neu-)ansiedlung von Juden in den königlichen Städten intensiv. Als Beispiel sei hier Böhmisch Budweis (České Budějovice) genannt, das dem Nürnberger Martyrologium zufolge ebenfalls von den Judenpogromen des Jahres 1338 betroffen war.[25] Gerade für Budweis erließ König Johann von Luxemburg drei Jahre später zwei Privilegien, damit neue Juden in die Stadt kommen konnten – insgesamt vier Familien; sie erhielten für zehn Jahre Steuervergünstigungen. Auch hier stellt sich wieder die Frage, woher diese Juden stammten. Man vermutet, dass neue oder erneuerte Ansiedlungen zu dieser Zeit bereits aus böhmischen oder mährischen Zentren, zumeist wohl aus Prag, gespeist wurden. Als Beispiel sei die erneute Ansiedlung von Juden in Görlitz und Bautzen 1383 angeführt. Aus indirekten Belegen lässt sich schließen, dass es sich um Prager Familien handelte, die hier mit starker Unterstützung des königlichen Hauptmanns angesiedelt und mit denselben Rechten ausgestattet wurden, die sie zuvor in Prag besessen hatten.[26] Falls diese Nachrichten noch aus weiteren Quellen verifiziert werden können, darf man behaupten, dass sich die Luxemburger systematisch darum bemühten, die bestehende jüdische Besiedlung um solche Juden zu erweitern, die aus den böhmischen Ländern stammten, die einheimische Praxis kannten und ausschließlich dem böhmischen König loyal waren. Ein Negativbeispiel, das von dieser möglichen Motivation der Luxemburger zeugen könnte, wäre der Weggang einiger Juden aus der ursprünglich zum Reich gehörenden Stadt Eger (Cheb), nachdem Ludwig der Bayer diese Stadt dem böhmischen König Johann von Luxemburg zur Verwaltung überge-

---

25 SALFELD, Siegmund (im Auftrage der Historischen Commission für die Geschichte der Juden in Deutschland): *Das Martyrologium des Nürnberger Memorbuches*. In: Quellen zur Geschichte der Juden in Deutschland, 3. Berlin (Verlag Simion) 1898
26 Doležalová, Eva: *Über mögliche Zusammenhänge zwischen den Pogromen in Prag und in Görlitz im Jahr 1389*. In: TEUFEL, Helmut/KOCMAN, Pavel/ŘEPA Milan (Hrsg.): „Avigdor, Beneš, Gitl" – Juden in Böhmen, Mähren und Schlesien im Mittelalter. Samuel Steinherz (* 1857 Güssing † 1942 Theresienstadt) zum Gedenken. Brünn, Prag (Historický ústav), Essen (Klartext-Verlag), 2016, S. 183–196, besonders S. 189–191

ben hatte. Damals hatten angeblich einige Juden vom Kaiser als ihrem ursprünglichen Herrn die Erlaubnis erzwungen, in andere Städte im Reich übersiedeln zu dürfen.[27] Für das Mittelalter existieren nur wenige Belege über die Ankunft und dauerhafte Niederlassung von Juden aus dem Reich oder aus anderen Gegenden in Böhmen oder Mähren. In Betracht kämen vielleicht Dokumente aus den dreißiger und vierziger Jahren des 14. Jahrhunderts, in denen König Johann von Luxemburg anordnete, dass die Städte in Südmähren die Ankunft und Niederlassung neuer Juden nicht verhindern sollten. Hierbei handelt es sich aber nur um allgemeine Informationen ohne genauere Details, die zudem nur in Formularbüchern überliefert sind. Einige Historiker ziehen auch in Erwägung, dass manche Juden nach der Wiener Geserah von 1421, infolge der planmäßigen Zerstörung der jüdischen Gemeinden in Österreich durch Vertreibung, Zwangstaufe und Hinrichtungen, nach Südmähren geflüchtet sein könnten, aber dies sind momentan eher Hypothesen.

Obwohl es im 14. Jahrhundert zu einem steilen Anstieg der jüdischen Bevölkerungszahlen in Böhmen und Mähren gekommen ist, betrug die Gesamtzahl der Juden gegen Ende des Jahrhunderts wohl dennoch nur 2000 bis 3000 Personen – also 2–3 Promille der damaligen Gesamtbevölkerung Böhmens und Mährens. Prag, die bedeutendste Gemeinde, könnte in der Zeit vor dem Pogrom von 1389 ca. 700 Personen umfasst haben, d. h. ca. 3 % der Einwohner aller damaligen drei Prager Teilstädte (Altstadt, Kleinseite und Hradschin). In den mährischen Zentren – Brünn (Brno), Olmütz (Olomouc), Iglau (Jihlava) und Znaim (Znojmo) – lebten damals insgesamt wohl erst 150 bis 200 Juden. Die übrigen jüdischen Gemeinden setzten sich aus ein paar Familien zusammen und zählten daher wohl nur einige Dutzend Personen, manchmal wohl noch weniger. Keine Seltenheit war im 14. Jahrhundert die Ansiedlungserlaubnis für einen einzigen Juden (vielleicht eine Familie), wie sie etwa im Priveleg Johanns von Luxemburg von 1322 für den Olmützer Bischof Konrad und dessen Städte Kremsier (Kroměříž), Müglitz (Mohelnice), Zwittau (Svitavy) und Wischau (Vyškov) gegeben wurde.[28] Die jüdischen Bevölkerungszahlen werden anhand der überlieferten Berichte zu konkreten Personen oder Familien bzw. der Häuserzahl in den Judenstraßen und -vierteln geschätzt. Es sind praktisch keine Nachrichten über

---

27 Blechová, Lenka/Doležalová, Eva/Musílek, Martin/Zachová, Jana/Polakovič, Daniel/Visi, Tamás: *Prameny k dějinám Židů*, 2015, No. 134, S. 124.
28 Ebenda, No. 131, S. 121–122.

Juden erhalten, die arm oder als Geschäftsleute erfolglos gewesen wären. Deren Zahlen können daher nur indirekt erschlossen werden.

2. Juden in Eger

Die jüdische Besiedlung in Eger gehört zu den ältesten im Gebiet der heutigen Tschechischen Republik, aber es muss hier festgehalten werden, dass die hiesige mittelalterliche Judensiedlung eine andere Entwicklung durchlief als die übrigen Gemeinden in Böhmen und Mähren. Ihre Anfänge sind historisch mit der jüdischen Besiedlung im Reich verbunden, und die ältesten Nachrichten lassen sich auf das Ende des 12. Jahrhunderts datieren. Indirekte Belege deuten auf eine Anwesenheit von Juden in der Stadt in noch früherer Zeit hin, aber aus den überlieferten Quellen kann diese nicht belegt werden.[29]

Die Stadt Eger wurde dem böhmischen Staat auf Dauer erst unter Johann von Luxemburg angeschlossen; Johann hatte sie 1322 für die Unterstützung des römischen Königs Ludwig IV. erhalten.[30] Anfangs besaß der Luxemburger Eger zwar nur als Pfand und zu Lehen, aber später wurde das Egerland dem Königreich Böhmen inkorporiert. Die Verwaltung der Stadt und der gesamten Region erfolgte im Prinzip noch mehrere Jahrzehnte unabhängig von der böhmischen Politik. Die böhmischen königlichen Beamten respektierten die bestehende Verwaltungsordnung mehr oder weniger und griffen kaum in die inneren Angelegenheiten des Egerlandes ein. Die Stellung der Egerer Juden wandelte sich ebenfalls nur allmählich. Kurz nach der Angliederung an das Königreich Böhmen baten einige prominente Juden Ludwig IV. um Schutz und um die Erlaubnis, ins Reich umziehen zu dürfen. Es handelte sich besonders um solche Juden, die hohe Forderungen gegen Städte, Bürger oder kirchliche Institutionen im Reich hatten oder die nicht mit dem Anschluss an das Königreich Böhmen einverstanden waren. Zu wesentlichen Veränderungen in der Stellung der hiesigen Juden kam es erst nach der böhmischen Thronbesteigung Karls IV. und nach dem Ege-

---

29 KUBŮ, František: *Chebský městský stát. Počátky a vrcholné období do počátku 16. století.* České Budějovice (Verlag Veduta) 2006
30 BLECHOVÁ, Lenka/DOLEŽALOVÁ, Eva/MUSÍLEK, Martin/ZACHOVÁ, Jana/POLAKOVIČ, Daniel/VISI, Tamás: *Prameny k dějinám Židů*, 2015, No. 132 und 133, S. 122–123

rer Judenpogrom vom 25. März 1350.[31] Nach diesem Geschehen versuchte Karl IV., die Judengemeinde von Eger in die böhmische königliche Kammer-, d. h. Finanzpolitik einzugliedern.

Kehren wir aber zu den Anfängen der jüdischen Besiedlung in Eger zurück. Die Gemeinde könnte im 14. Jahrhundert mehrere Dutzend Personen gezählt haben. Deren Häuser und Geschäfte konzentrierten sich ursprünglich am Rand des historischen Siedlungskerns. Mit der Ausdehnung der städtischen Bebauung gerieten die Egerer Juden – ähnlich wie in vielen anderen Städten – in die Situation, dass sie von christlichen Bürgerhäusern und kirchlichen Institutionen umgeben waren. Im 14. Jahrhundert kann man auch von der Existenz isolierter Judenviertel sprechen. Die Feindseligkeit zwischen der Egerer Judengemeinde und der Stadt dokumentiert beispielsweise eine Urkunde vom März 1314, mit der die städtischen Ratsherren dem Dominikanerkonvent ein Grundstück in der Stadt verkauften und der Besitzer der gegenüberliegenden Immobilie sich zugleich verpflichtete, nicht zu erlauben, dass sich in ihr Juden und geräuschvolle Handwerke niederließen.[32] Zur Zuspitzung der Spannungen zwischen Christen und Juden trugen aber vor allem die hohe Verschuldung der Stadtbevölkerung und die wachsende antijüdische Propaganda bei, die sich damals in ganz Europa verbreitete. Die Schulden bei den Egerer Juden wurden auch zum Gegenstand der Außenpolitik Johanns von Luxemburg und Ludwigs des Bayern. Die meisten Dokumente, die diese Politik bezeugen, sind aus den frühen vierziger Jahren des 14. Jahrhunderts überliefert. Urkunden und Einträge in Amtsbüchern belegen die hohe Verschuldung von kirchlichen Institutionen und Bürgern aus bayerischen Reichsstädten bei den Egerer Juden. In diesen Angelegenheiten wandten sich diese Personen und Institutionen jedoch häufig an den römischen Kaiser Ludwig, obwohl die Egerer Juden bereits zur königlichen Kammer des böhmischen Königs gehörten. Die Reaktion des böhmischen Königs Johann von Luxemburg bezeugt eine überlieferte Urkunde vom 3. Mai 1341.[33] Darin erlaubte der König dem Kloster Waldsassen, die Egerer Juden wegen Wuchers zu verkla-

---

31 Zum Pogrom in Eger kam es Ostern 1350. – Gradl, Heinrich: *Die Chroniken der Stadt Eger (= Deutsche Chroniken aus Böhmen, Band 3)*. Hrsg. v. L. Schlesinger, Prag. Verein für Geschichte der Deutschen in Böhmen. Prag (Dominicus) 1884; DEMANDT, Dieter: *Die Judenpolitik der Stadt Eger im Spätmittelalter*. In: Bohemia, Band 24, Nr. 1, 1983, S. 1–18
32 Blechová, Lenka/Doležalová, Eva/Musílek, Martin/Zachová, Jana/Polakovič, Daniel/Visi, Tamás: *Prameny k dějinám Židů*, 2015, No. 108, S. 108
33 Ebenda, No. 193, S. 169–170

gen. Wahrscheinlich unterstützte der böhmische König in vergleichbaren Fällen den römischen Herrscher und setzte sich nicht für „seine" Egerer Juden ein. Er erlaubte die Vertreibung der Juden ins Reich und respektierte wohl auch die Aufhebung der jüdischen Schuldverschreibungen, die Ludwig der Bayer verkündete – so zum Beispiel im Jahr 1343, als die Schulden des Nürnberger Burggrafen Johann II. von Hohenzollern bei allen Juden im Reich und in Eger erlassen wurden.[34]

Die Lage änderte sich, nachdem Karl IV. den römischen und den böhmischen Thron bestiegen hatte. Ab 1346 bemühte sich Karl IV., seine Oberhoheit über alle Juden im Königreich und in den Nebenländern der Böhmischen Krone durchzusetzen. Obwohl Karls Politik gegenüber den Juden im Reich äußerst pragmatisch war, bemühte er sich, „seine" böhmischen Juden vor Eingriffen fremder Herren und Institutionen zu schützen. In die Serie von Karls „Schutzbriefen" könnten wir auch das Dokument von Juli 1347 aufnehmen, in dem der König einem Egerer Pfarrer verbot, die dortigen Juden vor – weltliche wie kirchliche – Gerichte jenseits der Stadtgrenzen zu zitieren. Dieses zuletzt genannte Dokument illustriert aber auch die wachsenden und bereits erwähnten Spannungen zwischen Christen und Juden. Eine Beschreibung des Pogromgeschehens von 1350 ist zwar erst in jüngeren Quellen überliefert, aber es gibt keinen Grund, an dem geschilderten Verlauf zu zweifeln. Diesen Berichten zufolge brach das Pogrom ähnlich wie in zahlreichen anderen Fällen in den Tagen vor Ostern aus (das im Jahre 1350 auf den 5. April fiel) und zwar nach der Predigt eines Mönchs, wohl Mitglied eines Bettelordens. Die aufgepeitschte Menge wandte sich nach dieser Agitation gegen die Juden. Die meisten Juden wurden getötet und ihr Besitz gestohlen. Karl IV. nutzte die Situation pragmatisch zu seinen Gunsten. Den Egerer Bürgern vergab er das Delikt bereits drei Wochen später und erzwang „nur" die Zahlung eines Bußgeldes. Ganz in Übereinstimmung mit der königlichen Politik wurden die Juden dann erneut in die Stadt eingeführt, wobei ihnen die ursprünglich jüdischen Häuser aber zumeist nicht zurückgegeben wurden. Ebenso wie in anderen Städten verdrängte man die Juden aus dem Zentrum des städtischen Raums. Die ersten glaubwürdigen Hinweise auf eine Neuansiedlung von Juden in Eger sind zum Jahr 1352 überliefert.[35] Drei Jahre später schloss Karl IV. den Fall der alten

---

34 Ebenda No. 202, S. 177
35 BONDY/DVORSKÝ: K historii Židů, 1906, S. 58–59; REICHL, Eduard: *Das Egerer Stadtgesetzbuch über die Juden*. In: BONDY/DVORSKÝ: K historii Židů, 1906, S. 59

Schulden des Klosters Waldsassen bei den Egerer Juden ab, indem er diese Schulden komplett erließ. Die Egerer Judengemeinde erneuerte sich nur langsam. Noch zu Lebzeiten Kaiser Karls IV. wurde ihnen ein neues Recht an Grundstücken bestätigt, die für eine Synagoge und einen Friedhof bestimmt waren (1364) und sich wohl direkt auf den ursprünglichen Raum des Judengartens und der bei dem Pogrom zerstörten Synagoge bezogen. Der neue Synagogenbau wurde spätestens in den siebziger Jahren des 14. Jahrhunderts vollendet.[36]

Die Politik Karls IV. wurde von seinem Sohn, dem böhmischen und römischen König Wenzel IV., fortgesetzt. Auch er beschützte seine Juden, und die Schutzprivilegien, die er ihnen ausstellte, wurden zumeist mit ihrer direkten finanziellen Unterstützung des Königs begründet. Aus Sicht zahlreicher historiografischer Werke des 14. und 15. Jahrhunderts fiel die Unterstützung König Wenzels IV. aber allzu großzügig aus, sodass der Herrscher sogar den Spitznamen „Judenkönig" erhielt.[37] Die Egerer Juden wurden ebenso wie die Bürger vom König mehrfach von der Zahlung der Landsteuer, einer frühen Form der Grundsteuer, befreit.

Die Stellung der Juden in Eger und im gesamten Königreich Böhmen änderte sich während der Hussitenkriege und mit dem Antritt des neuen Herrschers Sigismund von Luxemburg dramatisch. Während die hussitische Propaganda sich eher allgemein auf die Reichen innerhalb des Gesamtspektrums der böhmischen Gesellschaft konzentrierte, war Sigismund von Luxemburg der erste böhmische Herrscher, der die Juden aus mehreren Städten vertrieb. Zumeist geschah dies auf Druck der dortigen Stadträte. Obwohl diese Judenausweisungen aus den Städten in der Regel keine dauerhafte Wirkung besaßen und die Juden bereits nach wenigen Jahren zurückkehrten, waren ihre Gemeinden deutlich kleiner geworden – häufig handelte es sich nur um einige wenige Familien und Personen. Dies gilt auch im Fall der Stadt Eger. Einer Urkunde vom 3. Oktober 1430 zufolge wies Sigismund die Juden aus Eger aus, wobei diese ihren persönlichen Besitz mitnehmen durften und ihre Schuldverschreibungen gültig blieben.[38] Bereits vier Jahre

---

36 Gradl, Heinrich: *Geschichte des Egerlandes (bis 1437)*. Prag (Dominicus) 1893, S. 246
37 von Sagan, Ludolf: *Der Tractatus de longaevo schismate.* In: LOSERTH, Johann (Hrsg.): Beiträge zur Geschichte der husitischen Bewegung 3. Der Tractatus de longaevo schismate des Abtes Ludolf von Sagan. Mit einer Einleitung, krit. u. sachl. Anmerkungen. (Archiv für österreichische Geschichte 59). Wien 1880, S. 345–561, hier. Cap. 60, S. 459.
38 BONDY/DVORSKÝ: K historii Židů, 1906, S. 98–100; STURM, Heribert: *Eger. Geschichte einer Reichsstadt, Augsburg* (Verlag Adam Kraft) 1951

später wurde einigen Juden erlaubt, sich von neuem in der Stadt niederzulassen. Die genauen Veränderungen der jüdischen Gemeinde von Eger im Spätmittelalter sind aber erst Gegenstand der aktuellen Forschung. Sicher ist, dass die Beziehung der hiesigen Juden zum böhmischen Herrscher um die Mitte des 15. Jahrhunderts eine Transformation erfuhr. Die Juden verloren die direkte Bindung an die königliche Kammer, unter anderem vielleicht als Konsequenz der Hussitenkriege, des Aussterbens der Luxemburger-Dynastie und der neuen Kämpfe um den böhmischen Thron. Schutz erhielten sie jetzt zum einen vom Stadtrat, zum anderen vom lokalen Adel, der die Juden für seine Interessen zu nutzen begann – und zwar vor allem als Vermittler von Krediten und Geschäften zwischen ihnen und Unternehmern aus dem Reich. Vergleichbare Fälle lassen sich beispielsweise in den Regensburger Stadtbüchern finden.

Bisher nicht hinreichend geklärt bleibt die Migration der Juden im Mittelalter und in der Frühen Neuzeit. Obwohl sich das Land- und Judenrecht auf die herrscherliche Kammer bezog und die Bewegung der Juden hierdurch beschränkt war, stoßen wir in Quellen aus dem Reich häufig auf Juden, die aus Böhmen stammten; umgekehrt kamen Juden aus dem Reich oder aus Österreich ohne nähere Erläuterung nach Böhmen. Sicher ist jedenfalls, dass die Egerer Juden in Mittelalter und Neuzeit über bedeutende Kontakte in die anderen großen Reichsstädte verfügten und in der Lage waren, auch relativ hohe finanzielle Transaktionen durchzuführen – und dies gerade mit Unterstützung anderer jüdischer Gläubiger aus dem Reich.

Über das Alltagsleben der Egerer Juden im Mittelalter wissen wir nur wenig. Die überlieferten Quellen ermöglichen nur hin und wieder einen Einblick in ihre Lebensverhältnisse. Einzigartig sind die Nachrichten über zwei Kriminalfälle, die im Egerer Stadtbuch überliefert sind. Die erste Causa illustriert das Bemühen der Juden, Recht zu erlangen. 1330 suchte der Jude Abraham nach Gerechtigkeit für seinen Bruder Michal, der unter nicht näher bestimmten Umständen von dem Christen Herman Salfuer ermordet worden war.[39] Der zweite Fall belegt dagegen jüdische Kriminalität. In einem nicht näher datierten Bericht von Mitte des 14. Jahrhunderts beschuldigte ein gewisser Konrad von Haslach

---

[39] Blechová, Lenka/Doležalová, Eva/Musílek, Martin/Zachová, Jana/Polakovič, Daniel/Visi, Tamás: *Prameny k dějinám Židů*, 2015, No. 141, S. 129–130; KNOLL, Vilém: *Ženy a Židé ve světle chebských středověkých smolných knih. Poznámka k jejich postavení ve městě.* In: Acta historico-iuridica Pilsnensia 2006, Plzeň 2007, S. 55–65, besonders S. 63.

eine Gruppe Juden, angeblich angeführt von dem Juden Jacob, dass sie ihn auf der Reise überfallen und bestohlen habe.[40] Leider sind die Ergebnisse der Verhandlungen in beiden Fällen nicht erhalten.

Literatur- und Quellenhinweise

ARONIUS, Julius (Hrsg.): *Regesten zur Geschichte der Juden im Fränkischen und Deutschen Reiche.* Berlin (Verlag von Leonhard Simion) 1902

AVNERI, Zvi (Hrsg.): *Germania Judaica II/1. Von 1238 bis zur Mitte des 14. Jahrhunderts (Aachen – Luzern).* Tübingen (Mohr Siebeck Verlag) 1968

AVNERI, Zvi (Hrsg.): *Germania Judaica II/2. Von 1238 bis zur Mitte des 14. Jahrhunderts (Masstricht – Zwolle).* Tübingen (Mohr Siebeck Verlag) 1968

Blechová, Lenka/Doležalová, Eva/Musílek, Martin/Zachová, Jana/Polakovič, Daniel/Visi, Tamás: *Prameny k dějinám Židů v Čechách a na Moravě ve středověku. Od počátků do roku 1347.* In: Historický ústav AV ČR, Praha (Filosofia) 2015. (Archiv český, 41). Praha 2015

BONDY, Bohumil/DVORSKÝ, František (Hrsg.): *K historii Židů v Čechách, na Moravě a v Slezsku : 906 až 1620. K vydání upravil a doplnil František Dvorský.* (Knihkupectví Fr. Řivnáče) Praha 1906

DEMANDT, Dieter: *Die Judenpolitik der Stadt Eger im Spätmittelalter.* In: Bohemia, Band 24, Nr. 1, 1983, S. 1–18

Doležalová, Eva: *Über mögliche Zusammenhänge zwischen den Pogromen in Prag und in Görlitz im Jahr 1389.* In: TEUFEL, Helmut/KOCMAN, Pavel/ŘEPA,

---

40 BLECHOVÁ/DOLEŽALOVÁ/MUSÍLEK/ZACHOVÁ/POLAKOVIČ/VISI: *Prameny k dějinám Židů*, 2015, No. 190, S. 167; KNOLL: *Ženy a Židé 2007*, S. 64–65.

Milan (Hrsg.): „*Avigdor, Beneš, Gitl*" – *Juden in Böhmen, Mähren und Schlesien im Mittelalter. Samuel Steinherz (* 1857 Güssing † 1942 Theresienstadt) zum Gedenken.* Brünn, Prag (Verlag Historický ústav), Essen (Klartext-Verlag), 2016, S. 183–196

GRADL, Heinrich: *Geschichte des Egerlandes (bis 1437).* Prag (Dominicus) 1893

GRADL, Heinrich (Hrsg.): *Die Chroniken der Stadt Eger (= Deutsche Chroniken aus Böhmen, Band 3).* Hrsg. v. L. Schlesinger, Prag, Verein für Geschichte der Deutschen in Böhmen. Prag (Dominicus) 1884

HÁJEK Z LIBOČAN, Václav: Kronyka Czeska. *Praha (Jan Severin ml. a Ondřej Kubeš ze Žípů)* 1541

KNOLL, Vilém: *Ženy a Židé ve světle chebských středověkých smolných knih. Poznámka k jejich postavení ve městě.* In: Acta historico-iuridica Pilsnensia 2006, Plzeň 2007, S. 55–65

KUBŮ, František: *Chebský městský stát. Počátky a vrcholné období do počátku 16. století.* České Budějovice (Verlag Veduta) 2006

LINKA, Jan (Hrsg.): *Václav HÁJEK Z LIBOČAN: Kronika česká. Prah*a (Verlag Academia) 2013

MAIMON, Arye/BREUER, Mordechai/GUGENHEIM, Yacov (Hrsg.): *Germania Judaica III/2 (1350–1519).* Tübingen (Mohr Siebeck Verlag) 1995

REICHL, Eduard: *Das Egerer Stadtgesetzbuch über die Juden.* In: BONDY, Bohumil/DVORSKÝ, František (Hrsg.): K historii Židů v Čechách, na Moravé a v Slesku: 906 až 1620. K vydání upravil a dolnil František Dvorský. (Knihkupectví Fr. Řivnáče) Praha 1906, S. 59

SALFELD, Siegmund (im Auftrage der Historischen Commission für die Geschichte der Juden in Deutschland): *Das Martyrologium des Nürnberger Memorbuche.* In: Quellen zur Geschichte der Juden in Deutschland, 3. Berlin (Verlag Simion) 1898

STURM, Heribert: *Eger. Geschichte einer Reichsstadt*. Augsburg (Verlag Adam Kraft) 1951

VON SAGAN, Ludolf: *Der Tractatus de longaevo schismate*. In: LOSERTH, Johann (Hrsg.): Beiträge zur Geschichte der husitischen Bewegung 3. Der Tractatus de longaevo schismate des Abtes Ludolf von Sagan. Mit einer Einleitung, krit. u. sachl. Anmerkungen. (Archiv für österreichische Geschichte 59). Wien (Tempsky in Comm.) 1880, S. 345–561

WIEDL, Birgit: *Die Pulkauer Judenverfolgungen (1338) im Spiegel österreichischer, böhmischer und mährischer Quellen*. In: TEUFEL, Helmut/KOCMAN, Pavel/ŘEPA, Milan (Hrsg.): „Avigdor, Beneš, Gitl" – Juden in Böhmen, Mähren und Schlesien im Mittelalter. Samuel Steinherz (* 1857 Güssing † 1942 Theresienstadt) zum Gedenken. Brünn, Prag (Historický ústav), Essen (Klartext-Verlag) 2016, S. 129–158

Werner Pöllmann

Spuren jüdischer Binnenmigration in Böhmen am Beispiel von Steingrub (tschechisch: Lomnička) und Franzensbad (Františkovy Lázně) im Egerland

1. Anzahl und Verteilung von Juden in Böhmen bis zum 19. Jahrhundert und Aufgabenstellung für die vorliegende Abhandlung

Bis in die Mitte des 19. Jahrhunderts gab es in der böhmischen Provinz mehr Juden auf dem Land als in der Stadt. 1724 zählte man innerhalb Prags mehr als 12.000 und außerhalb ca. 30.000 Israeliten in 168 Städten und 672 Dörfern. 1797 wurde gewachsenes mosaisches Leben auf diese 840 Orte zurückgedrängt. Die Anzahl jüdischer Familien war seit 1726 auf 8.541 begrenzt und 1789 auf 8.600 erhöht worden. 1745 hatte Maria Theresia alle Israeliten wegen religiöser Motive aus Böhmen ausgewiesen. Dort, wo sie das Ausland nicht (gleich) aufnahm, durften sie sich für sechs Jahre nahe der Landesgrenze niederlassen. Aber schon nach drei Jahren erlaubte die Herrscherin aus ökonomischen Gründen (wegen Steuerausfällen) ihre Rückkehr.[41]

Von 1846 bis 1880 stieg der jüdische Bevölkerungsanteil Böhmens von 1,9 auf 2,2 % und Mährens von 1,6 auf 1,8 %. Der Anteil der Juden dieser beiden Kronländer an allen Juden im österreichischen Teil der Monarchie sank aber im gleichen Zeitraum von 24,5 auf 13,7 %. Er nahm zu in Galizien und der Bukowina, aber vor allem in Wien, wo er von 0,9 auf 9,4 % stieg.

Gegenstände dieses Beitrages sind: die Migrationsgeschichte der Juden, ihre Anzahl und räumliche Verteilung in Nordwestböhmen, die politischen, rechtlichen und ökonomischen Rahmenbedingungen für ihre Ansiedlung, ihre religiösen und profanen Bauten, ihre religiösen Praktiken, ihr generatives Verhalten, ihre ökonomischen Aktivitäten, ihr Bildungswesen, soziale Fragen sowie Bedrohung und Leiden durch Antisemitismus und Nazi-Terror.

---

[41] GOLD, Hugo (Hrsg.): *Die Juden und Judengemeinden Böhmens in Vergangenheit und Gegenwart.* Brünn und Prag 1934

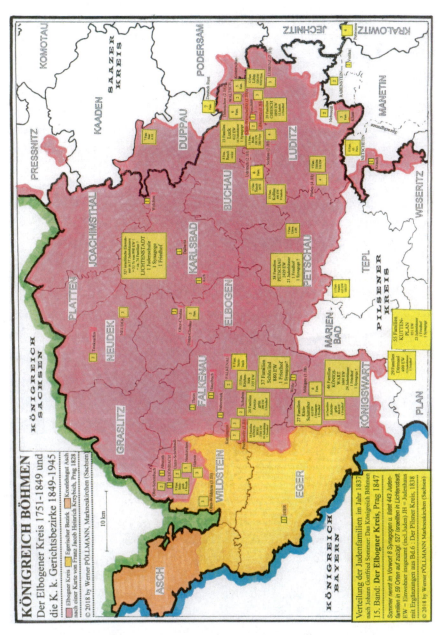

Abb. 1: Juden im Elbogener Kreis 1837 (Karte: Werner Pöllmann 2018)

In regionaler Hinsicht befasst sich die Abhandlung mit der jüdischen Bevölkerung im Nordwesten des Kreises Elbogen (Loket). Er war einer der kleineren administrativen Einheiten Böhmens und fiel 1714 einer Verwaltungsreform zum Opfer (Einverleibung in den Kreis Saaz [Žatec]). Doch unter Maria Theresia wurden alle 16 böhmischen Kreise wiederhergestellt, und so entstand 1751 der Elbogener Kreis neu, größer als zuvor. Im Westen gehörte nun auch der mediatisierte einstige „Stadtstaat" Eger (Cheb) (Egrischer Bezirk) dazu und im Südosten reichte er bis an die Herrschaft Rabenstein (Rabštejn nad Střelou) heran. Mit Verstaatlichung der Patrimonialgerichtsbarkeit entstanden 1848 auf dem Territorium des vormaligen Elbogener Kreises 13 Gerichtsbezirke, die 1850 mit sechs weiteren aus dem ehemaligen Pilsener Kreis zum Egerer Kreis zusammengefasst wurden. Der Gerichtsbezirk Elbogen gehörte 1868–1913 zum politischen Bezirk Falkenau (Sokolov) und war dann bis 1945 ein eigener politischer Bezirk, von der NS-Administration am 20.11.1938 in „Landkreis" umbenannt (s. Abb. 1).

Dieser Text ist in sechs Kapitel unter Beachtung regionaler, sozialer, familiärer und beruflicher Aspekte gegliedert. Nach einem Überblick über die Juden im Elbogener Kreis beschreibt er die Entstehung und Auflösung der Landjudengemeinde Steingrub, geht den Lebenswegen der Familie Spiegel und des Rabbiners Weis nach, gibt Einblicke in die jüdische Ära von Franzensbad und stellt exemplarisch je einen Brunnen- und einen Badearzt vor. Ein Fazit schließt die Abhandlung ab.

2. Juden im Elbogener Kreis

Da das einstige Schönbacher Ländchen in Nordwestböhmen (Abb. 2), also die Herrschaften Schönbach (Luby) und Wallhof (Lesná),[42] im Gegensatz zum westlich angrenzendem Egrischen Bezirk und der benachbarten Herrschaft Asch (Aš) schon 1459 de facto vollständig nach Böhmen inkorporiert war (de jure erst 1601 mit der Aufnahme in die Landtafel zu Prag), haben sich wohl auch in dieser Grenzregion, wo 1715 eine und 1757 zwei jüdische Familien nachweisbar sind, Flüchtlinge angesiedelt. 1753 ist ein „Branntweinjude" in der Allodialherrschaft Haslau (Hazlov) belegt. Wohl alle gehörten zur Kultusgemeinde von Königsberg

---

42 Der Ort Wallhof ist in der südlichen Spitze des Schönbacher Ländchens gelegen (s. Abb. 2).

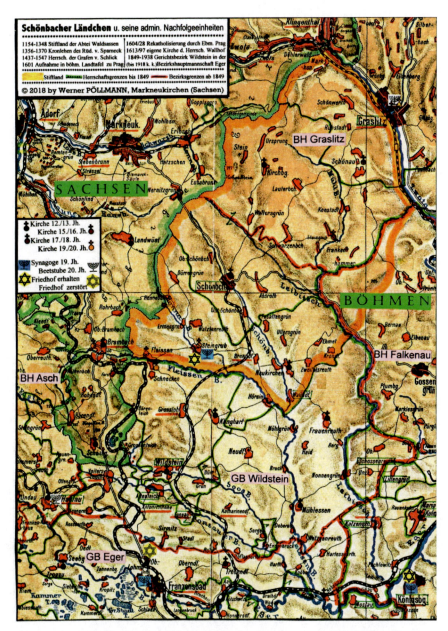

Abb. 2: Das Schönbacher Ländchen und seine administrativen Nachfolgegebiete (Karte: Werner Pöllmann 2018)

(Kynšperk) an der Eger. Diese war vermutlich eine Gründung von Überlebenden des Egerer Judenpogroms von 1350, die ins böhmische Kronland geflohen waren.

Konzentrationsräume jüdischer Siedlungen lagen in der ersten Hälfte des 19. Jahrhunderts im Südosten des Elbogener Kreises (im späteren Bezirk Luditz [Žludice]) sowie im westlichen Kaiserwald und dessen Vorland (die späteren Bezirke Falkenau und Königswart [Kynžvart]), s. Abb. 1. Herausragend ist das seit dem 15. Jahrhundert existierende Judenghetto von Lichtenstadt (Hroznětín) bei Karlsbad (Karlovy Vary) in der Herrschaft Schlackenwerth (Ostrov) mit 37 Judenhäusern, in denen 537 Menschen wohnten. Das waren 53 % aller Lichtenstadter. In der Kursaison von Mai bis September zogen sie auf dem „Judensteig" als Marktverkäufer und Hausierer regelmäßig nach Karlsbad. In der ersten Hälfte des 19. Jahrhunderts kamen sie auch in der Vor- und Nachsaison an bestimmten Tagen, durften sich aber in der Königlichen Stadt erst nach und nach dauerhaft ansiedeln. J. G. SOMMER führte 1847 bezogen auf das Jahr 1837 noch keine Juden in Karlsbad an, obwohl sich schon elf Familien dort niedergelassen hatten.[43] Sie lebten anscheinend noch inoffiziell in der Stadt im Gegensatz zu zwölf protestantischen Familien. Er erwähnt aber „ein im Entstehen begriffenes Israeliten-Spital" und dass als Fremde in Karlsbad gestorbene Juden in Lichtenstadt begraben würden.

Es gab acht Synagogen im Elbogener Kreis und außerhalb von Lichtenstadt, wo neben Judenfriedhof (noch erhalten) und Synagoge auch eine jüdische Schule existierte, 443 jüdische Familien in 59 Orten.[44] Nur sehr wenige bzw. gar keine Juden wohnten in der 1. Hälfte des 19. Jahrhunderts im Erzgebirge, im östlichen Kaiserwald, rund um Engelhaus (Andělská Hora), im Egrischen Bezirk und in der Herrschaft Asch. Jedoch waren schon 1793 die Köchin Rebeka Keßler und drei weitere Israeliten aus Steingrub inoffiziell in Eger ansässig. In der Kreisstadt Elbogen hatte Kaiser Ferdinand III. 1636 die Ansiedlung von Juden verboten. Karlsbad hatte seit 1499 das Recht, ihnen die Ansiedlung zu erlauben oder zu verwehren. Reiche Kurgäste waren willkommen, arme Händler aber nicht. Auch in Marienbad (Marianské Lázně), das zum Pilsener Kreis gehörte, erlaubten die Prämonstratenser-Chorherren aus Tepl (Teplá) den Zuzug von Juden 1824/48 nur sehr zögerlich. Die 9.352 Einwohner der Herrschaft Tepl waren im Jahre

---

43 SOMMER, Johann Gottfried: *Königreich Böhmen*. 6. Bd.: Pilsner Kreis; 15. Bd.: Elbogner Kreis. Prag 1838/47
44 ebenda

1837 noch alle Christen. In Marienbad gab es nur wenige Tschechen, aber noch keine Israeliten (zumindest mit ständigem Wohnsitz). Erste jüdische Räumlichkeiten waren hier, wie auch in Karlsbad und Franzensbad, koschere Speiselokale, die anfangs nur in der Saison betrieben werden durften.

1904 gab es im politischen Bezirk Eger 651 Juden sowie noch weitere im Bezirk Asch. Ab 1890 waren in Asch mehr Juden als in Franzensbad (außerhalb der Kursaison) ansässig.[45] 1933 betrug der jüdische Bevölkerungsanteil in Deutschland 0,9 %, in Österreich 3,7 %[46], in Ungarn 5,1 % und in der Tschechoslowakei 2,4 %. In den ČSR-Volkszählungen bekannte sich aber mehr als die Hälfte aller Juden, darunter viele Nichtreligiöse, zur jüdischen Nationalität (1921: 180.855; 1930: 186.642). Die anderen gaben neben der jüdischen Religion die Volkszugehörigkeit fast immer entsprechend ihrer Muttersprache an, also überwiegend Deutsch. Unter den Juden im Egerland gab es kaum mehr als 10 % Zionisten (1930 z. B. Franzensbad 9 %, Asch 13 %, Graslitz [Kraslice] 23 %).

3. Landjudengemeinde Steingrub

In der Herrschaft Wallhof lebten 1793 21 jüdische Familien mit 105 Personen in sechs Dörfern. Zu ihnen gehörten u. a. Aron Weissel (Zweifelsreuth [Čižebná]), Löwel Wetzner (Hörsin [Hrzín]), Abraham Wetzler, Pinkas Kohn und Lazar Kohn (Wallhof), siehe Abb. 2. Sie ernährten sich von „Handelsschaft" (10 Familien), „Handlung" (6) und Branntweinbrennerei (3 Familien mit zusammen 16 Personen). Außerdem gab es einen Fleischer (Schächter) und wohl auch einen Schneider und Flickschuster. Viele der Händler zogen als Hausierer übers Land. Es waren auch Juden unter dem Gesinde, die als „Dienstmensch" bezeichnet wurden. Eine kam aus Libkowitz (Libkovice) bei Luditz (Žlutice) und zwei waren „Ausländerinnen" (Rachel Simon und Rebekka [Familienname unbekannt]) aus Floß in der Oberpfalz. Ein Branntweinknecht stammte aus Schlackenwerth, ein anderer aus Alt Zedlisch (Staré Sedliště) bei Tachau (Tachov) (Abb. 3) und der Lehrer aus Chlumtschau (Chlumčany) bei Laun (Louny), östlich von Saaz gelegen.

Steingrub war nicht nur mosaisches Zentrum der Herrschaft Wallhof, sondern auch der Nachbarherrschaften Altenteich (Starý Ryník), Wildstein (Skalná) und

---

45   Zum Vergleich: 1932 lebten z. B. in Marienbad 405, in Dürrmaul (Drmoul) 36 und in Karlsbad 2.120 Juden.
46   In Wien ca. 10 % im Jahr 1933, im Sommer 1939 nur noch ca. 66.000, d. h. weniger als 5 %.

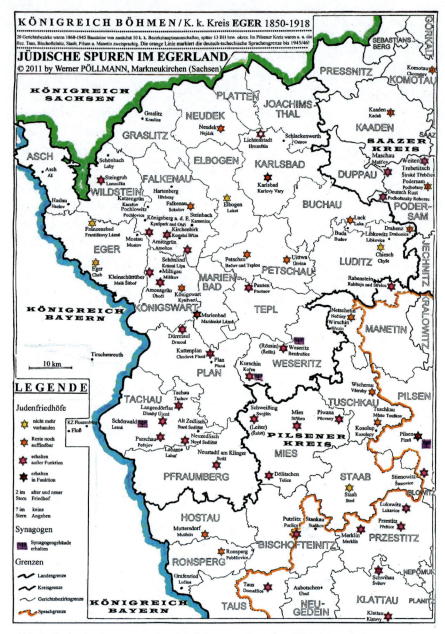

Abb. 3: Jüdische Spuren im Egerland (Karte: Werner Pöllmann 2011)

Schönbach (Luby). 1837 wurden unter den 4.731 Einwohnern des Wallhofer Gutsbezirks nur noch 15 Judenfamilien in drei Orten gezählt. In der Herrschaft Schönbach mit 4.810 Einwohnern waren es sechs Familien in vier Orten. 1849 kam mit der Verfassung auch die Niederlassungsfreiheit für Juden. Volle Gleichberechtigung brachte aber erst die Verfassung von 1869. 1850 zählte man in allen sieben böhmischen Kreisen 10.218 jüdische Familien in 1.921 Orten mit 355 Gotteshäusern und 41 Rabbinern. Im neu gegründeten k. k.-Bezirk Eger lebten 27 Judenfamilien in neun Orten. In der Statistik fehlen aber Haslau, Franzensbad sowie die außerhalb des Bezirks gelegenen Orte Asch und Graslitz, deren Juden, die sich dort gerade anzusiedeln begannen, auch alle zur Steingruber Israelitischen Kultusgemeinde (IKG) gehörten. Im Nachbarbezirk Falkenau gab es zum gleichen Zeitpunkt 205 jüdische Familien in 17 Orten mit neun Kultusgemeinden.

Die Loslösung der Wallhofer Juden von Königsberg, also die Gründung der Landjudengemeinde von Steingrub, muss um 1788 begonnen haben. In diesem Jahr lassen sich in Neukirchen (Nový Kostel), siehe Abb. 2, die Familie Weis (siehe unten) und in Wallhof der Schnapsbrenner Samuel mit seiner Ehefrau Katharina nachweisen. 1788 ist auch Samson Heller im Steingruber Haus Nr. 19 belegt. Man braucht aber mindestens zehn religionsmündige Männer für einen Gottesdienst. 1794 beginnt die jüdische Geburtsmatrik der katholischen Pfarrei Neukirchen, was darauf schließen lässt, dass die Kultusgemeinde bereits selbständig war.

Die Herrschaft Wallhof wurde Ziel jüdischer Binnenmigranten aus dem gesamten deutschsprachigen nordwestböhmischen Raum. Steingrub hatte zwei entscheidende Standortvorteile: Zum Einen konnte man hier wohnen, wenn man im zwölf Kilometer entfernten, 1793 gegründeten Kurort Franzensbad Geschäfte machen wollte. Zum Anderen machte die nur drei Kilometer entfernte Landesgrenze zu Sachsen, wo Juden vor 1867 nicht siedeln durften, das Dorf am Rohrbach zu einem idealen Stützpunkt mosaischer Handelsreisender, z. B. von Schafwoll- und Lumpenexporteuren. Die örtlichen Einkommensquellen waren begrenzt. Pächter der herrschaftlichen Schnapsbrennerei war um 1800 Isak Wetzner. Dessen Sohn war später Kaufmann in Königsberg an der Eger.

In Steingrub (1850: 705 Einwohner, Abb. 4) wohnte mehr als die Hälfte aller Israeliten der Herrschaft Wallhof. Hier gab es auch jüdischen Unterricht. Zwei Tage in der Woche besuchten die Kinder gemeinsam mit den Katholiken die öffentliche Volksschule. Vor Einführung der allgemeinen Schulpflicht 1869 gab es sogenannte Wanderschulen auf vielen Dörfern. Die Kultusgemeinde wuchs von 18 Personen (1832) auf 30 Familien (1850/70) und erstreckte sich von

Graslitz bis Haslau. 1850/52 war Josef Pereles aus Pochlowitz (Pochlovice) „Localrabbiner", Mohel (Beschneider) und Kantor sowie Lehrer („Schulsänger") in Steingrub. 1858 ist Juda Kraus (* 1831 in Langendorf [Dlouhá Ves] bei Schüttenhofen [Sušice]) als „Vorbether", Kantor und Lehrer nachweisbar. Weitere Lehrer waren Hecht (1816), Leo Weis (um 1820), Samuel Pollak (1857) und Abraham Popper (1862). Im 1928/31 geschriebenen „Gedenkbuch" (Ortschronik der Katholiken)[47] werden auch die Namen Kohn, Horowitz und Stingl mit der Funktion des Rabbiners und Lehrers in Verbindung gebracht. Die erste „Judenschule" war wohl im Haus 69, dem noch heute existierenden „Rabbinerhaus" (Abb. 5). 1832 gab es 18 israelitische Schulkinder.

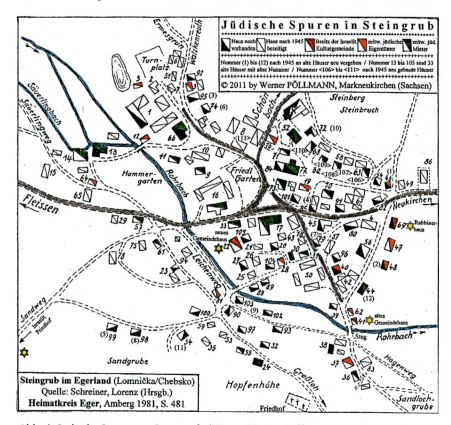

Abb. 4: Jüdische Spuren in Steingrub (Karte: Werner Pöllmann 2011)

---

47 HEIDL Anton: *Gedenkbuch der Gemeinde Steingrub.* Gemeindeamt Steingrub 1931 (beruht z. T. nur auf mündlichen Überlieferungen)

Abb. 5: Alte jüdische Schule (Nr. 69, „Rabbinerhaus") in Steingrub (Aufnahme: Werner Pöllmann 2011)

1839/59 nutzte man einen Betsaal in zwei zusammengebauten, hölzernen jüdischen Häuschen beim „Steg" über den Rohrbach. Als Besitzer werden genannt „Schächejem und Itzig Läib (Weiß)."[48] Erst danach wurde das Doppelhaus Eigentum der Kultusgemeinde mit Dienstwohnungen. 1891 brannte es nieder. Danach erbaute sich die katholische Familie von Josef Fischer auf der Brandstelle ein neues Haus (Nr. 41; nach 1945 abgerissen).

1858 hat die Kultusgemeinde im Zentrum des Dorfes das Haus (mit der alten Nr. 81) von Josef Seifert gekauft, abgerissen und einen gemauerten Neubau errichtet, der die Hausnummer 22 bekam. Dieses Gemeindehaus, der „Judentempel", war ein kombiniertes Schul-, Bet- und Wohnhaus. Hier wohnte zuerst Kantor Kraus. Danach zogen die jüdischen Familien Popper, Spiegl und Kohn ein. In der k. u. k.-Zeit nannten Israeliten ihre Synagogen und Bethäuser im ganzen Kaiserreich häufig „Tempel".

Die Israelitische Kultusgemeinde (IKG) Steingrub hatte ab 1820 eigene Personenstandsbücher. Am 4. November 1845 war David Spiegl vom Elbogener Kreisamt mit dem Dekret Nr. 18043 zum Matrikenführer ernannt worden. Als er 1855 nach Roßbach (Hranice) übersiedelte, ersuchte er das Bezirksamt Wild-

---

48   ebenda

stein (Skalná) darum, seinen Sohn Markus Spiegl als Matrikenführer einzusetzen. Später übernahm diese Funktion Ephraim Gottlieb, der aus Königsberg an der Eger stammte.

Die Matze, das ungesäuerte Brot aus Wasser und Mehl für das Pessachfest (von katholischen Steingrubern auch „Osterkuchen" oder „Kuhlmatzen" genannt), haben die Israeliten immer im oberen Wirtshaus (Nr. 66) gebacken. Wirtin Barbara Irrgang stellte dazu einmal im Jahr ihre Küche zur Verfügung. In der Gaststube stand noch vor 1945 ein langer Tisch mit harter Platte, die „Matzen-Tafel", auf der die rituelle Speise zum Backen vorbereitet worden war. Unter rabbinischer Aufsicht durften vom Mischen des Mehls mit Wasser bis zum Ende des Backens maximal 18 Minuten vergehen. Das gesamte Geschirr musste koscher, also rituell gereinigt sein.

Israelitischer Geistlicher von Steingrub war Simon Hainsfurt (* 1792 in Dürrmaul [Drmoul]). Sein Vater Lejb (Löw) Hainsfurth stammte aus Labant (Labut') bei Pfraumberg (Přimda). Simon heiratete 1834 in zweiter Ehe Franziska Stingl aus Altenteich (Starý Rybník) und siedelte sich in Steingrub an, wo er ab 1841 als Rabbi tätig war. Dieses Amt übte er ab 1845 in Dürrmaul und 1849/52 in Aubotschen (Úboč) bei Taus (Domažlice) aus. Als Mohel (Beschneider) wirkten Wolf Löw aus Kirchenbirk (Kostelní Bříza) (1800), Josef Singer (1801/04), Jakob Pollak aus Neukirchen (1804/11), Adam Löw (1806), Abraham Wessel (1812), David Spiegl (1818/38) und Abraham Spiegl aus Wildstein (1824/41). Danach übten Moses Simon aus Kleinschüttüber (Malá Šitboř) und später Josef Pereles aus Steingrub dieses rituelle Amt aus.

Das kleine Wohnhaus Nr. 69 an der Straße nach Neukirchen (Abb. 5; s. rechte Seite von Abb. 4) war ebenfalls seit 1859 Eigentum der IKG. Es beherbergte bis 1858 die Judenschule und könnte um 1820 (Leo ?) Weis, dem Lehrer, gehört haben. Vermutlich ist der um 1861/65 dort wohnende David Weis (aus der Familie des berühmten Rabbis – s. unten Kap. 5) auch Eigentümer gewesen. Nach 1865 erwarb die katholische Familie Liebscher das Haus, von der es die Familie Franz Wesp (1945: Josef Wesp) übernahm. Da hier 1839/42 auch Rabbi Hainsfurth mit Familie lebte, wird das noch heute bewohnte Privathaus neuerdings wieder „Rabbinerhaus" genannt. Neben den drei Häusern der Kultusgemeinde (Nr. 22, 41 und 69) gab es noch 14 Häuser, die zeitweise jüdische Besitzer hatten (Nr. 3, 5, 12, 19, 28, 37, 40, 46, 47, 48, 62, 64, 76 und 81; s. Abb. 4).

In der zweiten Hälfte des 19. Jahrhunderts wanderten fast alle Landjuden Böhmens in Städte ab. 1880 lebten noch vier, 1890 wieder zehn und 1904 nur noch zwei Israeliten in Steingrub. Heinrich Rosenbaum soll der letzte Jude Steingrubs gewesen sein.[49] 1901 wanderte er erst nach Franzensbad und dann nach Amerika aus. Eine Akte mit dem Titel „Ausweis über jene Personen oder Familien, welche mit oder ohne Bewilligung nach Amerika ausgewandert (sind) oder sich in Amerika befinden ..."[50] belegt für die zweite Hälfte des 19. Jahrhunderts mindestens ein Dutzend USA-Übersiedler aus Steingrub. Die Emigration wurde von jüdischen Vereinigungen mit lokalen Agenten vor Ort organisiert. Der letzte Kultusvorsteher Leopold Rosenbaum (Heinrichs Bruder oder [Groß-]Cousin?), der nach 1895 ebenfalls wegzog, schrieb 1886 an die k. u. k. Bezirkshauptmannschaft: „Da bei der ... Wahl der Repräsentanz der böhmischen Landjudenschaft niemand erschienen ist, kann keine Wählerliste beigebracht werden."[51] Anscheinend gab es nach 1872 weder einen Kantor noch einen Religionslehrer in Steingrub. Auch Namensgebungen bzw. Beschneidungen und Trauungen fanden keine mehr statt.

Auf Grund des Gesetzes zur Neuordnung der Gemeindesprengel vom 21. März 1890 und seiner Durchführungsbestimmung vom 10. März 1893 wurde die IKG Steingrub 1895 aufgelöst und von der Kultusgemeinde Franzensbad übernommen. Schon vorher hatte die Steingruber IKG einige Orte abtreten müssen (z. B. 1862 IKG Eger, 1874 IKG Franzensbad mit Wildstein, Altenteich, Haslau und Asch, 1890 Graslitz an die IKG Falkenau). Der „Judentempel" wurde 1896 an die katholische Familie Stöhr verkauft. Später gehörte er bis 1945/46 der Familie Lorenz Schnabl, die darin einen Laden betrieb. Danach wurde er abgerissen.

Die letzte Beerdigung auf dem Steingruber Judenfriedhof fand im Februar 1924 statt, als Jakob Schneider aus Neukirchen zu Grabe getragen wurde. 1928, als den Gottesacker noch eine niedrige, aber schon schadhafte und mit Moos bewachsene Mauer umgab und das Türchen verschlossen war, kletterte Wilhelm Wöhrer, katholischer Pfarrer von Fleißen (Plesná), über die Umfriedung und zählte 158 z. T. verwahrloste Gräber. Die damalige Situation hielt er im Kirchentagebuch fest.[52] Von den Grabsteinen, die nach 1938 fast alle mutwillig umgeworfen wurden, wurde nach 1945 ca. die Hälfte für Bauzwecke gestohlen. 1989

---

49 ebenda
50 Staatliches Bezirksarchiv Cheb (SOA Cheb)
51 ebenda (soka-ch EL NAD 437)
52 KÖHLER, Johann/WÖHRER, Wilhelm u. a.: *Pfarrchronik von Fleißen und Schnecken 1898–1949*. Eichstätt 1992

standen noch acht und 1997 noch vier. Im Sommer 2001 wurden ca. 50 wieder aufgerichtet. Diese wurden um 2010 inventarisiert.

4. Die Spiegl-Sippe in Steingrub, Wildstein und Haslau

Der Friedhof der IKG Steingrub ist bestimmt nicht älter als die jüdische Sterbematrik der Pfarrei Neukirchen, die 1802 beginnt. Er ist aber auch nicht jünger als das älteste noch auffindbare Grab von 1822. Vor seiner Gründung wird man die Toten in Königsberg an der Eger bestattet haben. Südlich von Steingrub, versteckt am Waldrand, hinter der „Hopfenhöhe", am Ende des „Sandweges", sind auf einer Fläche von 1.503 m² noch ca. 80 Grabsteine z.T. als Fragmente erhalten (Abb. 6). Von 1545 bis 1847 war die Familie Mulz von Waldau[53] im Besitz der Herrschaft Wallhof. Das Bestattungsareal lag auf der herrschaftlichen Parzelle 277. Vermutlich war es zuerst nur gepachtet, bis es um 1857 Eigentum der IKG wurde. Dieser „Gute Ort", wie mosaische Friedhöfe auch heißen, war bis zu seiner Renovierung im Sommer 2001 eine zugewachsene, verzauberte Stätte, die ein Eigenleben zu führen schien.

Abb. 6: Gräber auf dem jüdischen Friedhof in Steingrub (Aufnahme: Werner Pöllmann 2005)

---

53 Waldau soll auf Wallhof zurückgehen. Nach PRÖKL 1845 starb mit Emanuel Mulz von Waldau das Geschlecht schon 1838 aus.

Das älteste datierbare Grab gehört dem schon 1793 in Steingrub nachweisbaren und 1816 zum Schutzjuden erhobenen Handelsmann und Kultusvorsteher Isack (Eisig Hersch, Sohn des Samuel) Schwarz, der am 18. Jänner 1822 (18. tevetu 582) starb. Er war seit 1812 Besitzer des Hauses Nr. 12, in dem seine Witwe bis 1859 wohnte (1945: Robert Böhm, „Böhmschneider"; das Haus wurde abgerissen). Isacks Grabstein trägt leider nur hebräische Schrift, im Gegensatz zu dem seiner Frau, Sara Schwarz, geborene Wohl (1781–1869). Da sein Grab nicht das erste in der Reihe ist, wird angenommen, dass der Gottesacker schon ab 1821 seinem Zweck diente. Von den heute noch erhaltenen Grabsteinen sind 29 neben hebräisch auch deutsch beschriftet. Schwarz-Nachkommen (Kürschner Abraham Schwarz, 31 Jahre und Theresia Schwarz, 37 Jahre) wanderten 1850 in die USA aus.

Vom Kreisamt in Elbogen wurden 1815 bei Isack Schwarz 1.580 kg „Strazzen" (Lumpen zur Papierherstellung) im Wert von 115 Gulden beschlagnahmt, weil er an vogtländische Papiermühlen geliefert haben soll. In seiner erfolglosen Beschwerde beim Gubernium in Prag führte er an, dass die beschlagnahmte Ware für böhmische Papiermühlen in Niederreuth (Dolní Paseky), Grün (Doubrava) und Neuberg (Podhradí) bestimmt gewesen sei.[54] Doch der Weg dorthin führte über Brambach, sozusagen im Transitverkehr durch Sachsen. Deshalb konnte der einträgliche Lumpen-Schmuggel nicht unterbunden werden. Ab 1761 durften zwar Lumpen aus Böhmen ex- bzw. nach Böhmen importiert werden, aber sie mussten verzollt werden.[55]

Der Händler Moses Spiegl, seine Ehefrau Anna, geborene Schwarz, Tochter des Kultusvorstehers Isack Schwarz, die Söhne Abraham und David sowie zwei Töchter waren schon 1793 in Steingrub erfasst worden. 1795 kam noch Sohn Latzar hinzu. Alle drei Spiegel-Brüder heirateten drei Schanzer-Schwestern aus Stienowitz (Štěnovice) bei Pilsen.

Abraham lebte mit Ehefrau Babette ab 1824 in Wildstein, Hausnummer 123[56] und 75 (heute Hotel). Er verdiente seinen Lebensunterhalt als Händler

---

54 ALBERTI, Karl: *Beiträge zur Geschichte der Stadt Asch und des Ascher Bezirks*. Bd. III, Asch 1937, S. 144
55 Ein Jahrhundert vorher wurde den Juden Veit Löwel und Meyerle aus Königsberg an der Eger erlaubt, in der Stadt Eger nur dann Lumpen zu sammeln, wenn sie diese an die städtische Papiermühle in Stein weiterverkauften.
56 1945 gehörte das Haus der Gastwirtin Margarete Hofmann. Heute stehen dort neue Häuser.

und Kaufmann. Für die Kultusgemeinde war er 17 Jahre lang als Mohel (Beschneider) tätig. Er stiftete den Judenfriedhof in Steingrub. Am Anfang der dritten Reihe liegt der mittlerweile in zwei Teile zerbrochene Stein mit der Inschrift: „Hier ist begraben (mein lieber Ehemann, unser guter Vater [?]) Abraham Spiegel aus Wildstein, Stifter des Gottsackers, gestorben am 21. November 1849. Ruhe seiner Asche." (Abb. 7). Neben ihm ruht seine Frau Babette († 1857).

In den Gräbern unmittelbar davor liegen Bruder David († 1863) und dessen Frau Theresia († 1840), die nur 35 Jahre alt wurde. David hatte 1824 die 1817 erloschene Familiantenstelle der Familie Spitz bekommen, blieb in Steingrub und wohnte 1816/59 im eigenen Haus Nr. 46, wo er auch geboren war. Wie sein Wildsteiner Bruder war auch er Mohel ab 1818. Das „Spieglhaus" brannte 1876 mit noch zwei Häuslein und der „Kostscheune" ab. Es wurde vom katholischen Folgebesitzer neu aufgebaut (1945: Elisabeth Treml; das Haus steht noch, neue Nr. 1). David Spiegl war seit 1845 Matrikenführer. Als er 1855 von Steingrub zunächst nach Roßbach und später nach Haslau, Ledergasse 71, umzog, ersuchte er das Bezirksamt Wildstein, seinen Sohn Markus Spiegl als Matrikenführer einzusetzen.

Abb. 7: Grab von Abraham Spiegl auf dem Jüdischen Friedhof in Steingrub (Aufnahme: Werner Pöllmann 2011)

Das Steingruber Haus Nr. 47 gehörte 1826/40 Bruder Latzar Spiegl († 1877 in Haslau). Sowohl sein Grab als auch das seiner Frau Rosalie († 1886) sind noch erhalten. Neuer Eigentümer von Haus 47 war dann (ihr Sohn?) Meier Spiegl (1945: Georg Kühnl, abgerissen). 1835 sind zwei Spiegl-Brüder aus Steingrub (vermutlich Latzar und David [?]) als Wollhändler in Lengenfeld im Vogtland nachweisbar. Allerdings hatten sie seit 1829 nur 30 Zentner Schafwolle geliefert, was viel zu wenig war, um länger im Geschäft bleiben zu können.

1857 lag beim Steueraufkommen im Bezirk der Kaufmann Moritz Spiegl, (* 1821 in Wildstein, Sohn von Abraham Spiegl), Wildstein Hausnummer 75, mit 30 Gulden auf dem 16. Platz. Dank seines Vermögens war er der einzige Jude im Ort, dem (1861 und 1867) das Wahlrecht zum Böhmischen Landtag zustand. Moritz starb 1872 ledig und kinderlos in seinem Geburtshaus. Sein Bruder Jakob Spiegl (* 1820 in Wildstein) erbte Haus und Handelsfirma mit mehreren Angestellten. Die ledige Schwester Anna und der Bruder Neumann Spiegl (Kaufmann in Prag und Wien) bekamen Bargeld. Jakob Spiegls Frau Theresie starb 1874 mit 28 Jahren bei bzw. bald nach der Geburt ihres einzigen Kindes Alfred. Ihr Grab in Steingrub ist gut erhalten. Jakob, 1891 an Krebs verstorben, hinterließ Alfred ein Vermögen im Wert von 13.895 Gulden. Salomon Löwy wurde zum Vormund des Erben bestimmt. Die Firma Spiegl handelte mit allem, was damals in Wildstein und Umgebung gebraucht wurde: Lebensmittel, Kolonial-, Galanterie-, Schreib-, Eisen- und Haushaltswaren, Stoffe, Bekleidung, Werkzeuge, Drogerieartikel usw. Alfred Spiegl, Gymnasiast in Eger und Absolvent der Handelsakademie in Prag, ging in den 1930er Jahren als Privatbeamter nach Wien. Er löste sich nicht nur aus der böhmischen Provinz, sondern ein Stück weit auch von seiner jüdischen Religion. Haus 75 in Wildstein wurde zuerst vermietet und später verkauft. Bis 1945 betrieb dort Wenzl Müller ein Lebensmittelgeschäft.

Auf dem Grabstein gleich neben Abraham Spiegl kann man lesen: „Hier ist begraben Gitl, Tochter des Lippmann Spiegl aus Haslau, Gattin des Kopl Braun aus Wildstein, gestorben am 3. tischri 603 kl. Z. Sie erfährt wie süß ihr Lohn ist. Tugendhaft war sie auf ihrem Pfad. Ihre Taten waren selig und sie bewahrte voll Liebe in ihrem Gemüt als königliche Tochter die Weisungen des Erhabenen." Ihr Witwer, der Hausierer Jakob Braun, wohnte in Wildstein, Nummer 135,[57] und heiratete 1846 erneut. Lippmann Spiegl lässt sich 1827 in Steingrub Nr. 71

---

57 Dort steht jetzt ein Neubau.

nachweisen. Er wurde 1835 Brennereipächter in Haslau. Die Haslauer machten ihm das Leben recht schwer, kamen aber nicht zum Ziel, denn Lippmann Spiegl war eine starke Persönlichkeit und setzte sich erfolgreich zur Wehr. Er besaß Heimatrecht im Gutsbezirk Wallhof, zu dem auch Steingrub gehörte. Kaum war am 17. März 1849 ein provisorisches Gemeindegesetz in Kraft getreten, beantragte er, dieses Recht auf Haslau zu übertragen. Das wurde ihm mit Bescheid vom 26. April 1849 verweigert. Man forderte ihn sogar auf, wieder nach Wallhof zurückzukehren. Sein Aufenthalt in Haslau wäre nicht rechtmäßig. Dagegen erhob er Einspruch beim Kreisamt Elbogen. Das Amt (das am 1. Juli 1850 nach Eger verlegt und 1856 aufgelöst wurde) teilte der Gemeinde am 7. Juli 1849 mit, „dass Fremden, wenn sie sich durch einen nicht erloschenen Heimatschein ausweisen, solange sie sich entsprechend verhalten und die Mittel zu ihrem Unterhalt besitzen, der Aufenthalt in der Gemeinde nicht verwehrt werden kann." Denn laut § 1 der Reichsverfassung vom 4. März 1849 besitzen Israeliten gleiche politische und bürgerliche Rechte wie die übrigen Staatsbürger. Die Angehörigen der Familie Spiegel bekamen zwar kein Heimatrecht in Haslau, aber ein unbegrenztes Aufenthaltsrecht musste ihnen auch als Ortsfremden zugestanden werden.

Nicht alle Haslauer waren gegen Juden, wie eine Bescheinigung belegt: „Wir, Endes gefertigten Insassen zu Haslau, bestätigen, dass Lippmann Spiegel aus Steingrub seit einigen Jahren hier ununterbrochen wohnt, dass uns von einer gegen denselben vorgekommenen Beschwerde gegen seine Rechtlichkeit nichts bekannt ist, sondern derselbe sich mit seiner Familie redlich nährt und wir somit gegen seinen ferneren Aufenthalt nichts einwenden können. Haslau, den 21. Mai 1849." Unterschrieben haben Pfarrer Philipp Jenemann und 52 weitere Bürger.[58] Also ergriffen gut ein Viertel aller Haslauer Familien und sogar der katholische Geistliche Partei für „ihre" Juden.

Aber die Antisemiten gaben sich nicht geschlagen. Gut 18 Monate später kam es zu einer Ausschreitung, über die im Pfarrbuch berichtet wird: „Am 6. Dezember 1850 hinderten die Haslauer den Juden Moritz Spiegel (Sohn Lippmann Spiegels), seine beim Töpfermeister Adam Möschl (Nr. 242, ‚Hoofna') gemietete Wohnung zu beziehen, fielen ihn auf dem Wege an, schlugen denselben, seinen Bruder und seinen Vater und warfen die schon eingeräumten Sachen auf die Gasse." Nachmittags räumte der versammelte Gemeindeausschuss alles wieder ein, entweder aus Unrechtsbewusstsein oder aus Angst vor der Obrigkeit. Am

---

58 UHL, Karl: *Juden in Haslau*. Haslauer Heimatbrief Folge 78, Dettelbach 2003

nächsten Tag „kam Assistenz von neun Mann Gendarmerie einschließlich des Korporals, um den Auftrag des Bezirkshauptmanns von Eger zu exequieren, der dahin lautete, dass Moritz Spiegel nicht gehindert werden darf, seine Wohnung zu beziehen."

1853 wollte Spiegel das Haus Nr. 185 in der Ledergasse kaufen. Das Bezirksgericht in Eger lehnte dies ab „weil nach der Reichsverfassung das Recht der Juden, christliche Realitäten zu besitzen, wieder aufgehoben ist." Die Berufung beim Oberlandesgericht wurde abgewiesen. Doch Spiegel gab nicht auf und klagte erfolgreich vor dem Obersten Gerichts- und Kassationshof in Wien. Der Kaufvertrag musste ins Grundbuch eingetragen werden. Die Rechtsunsicherheit beendeten zwei kaiserliche Dekrete. Laut Verordnung vom 13. Januar 1860 wurden Juden als vollgültige Zeugen vor Gericht anerkannt. Am 18. Februar 1860 ordnete man an, dass auch Israeliten Immobilien erwerben dürfen. Die Familie Spiegel lebte 44 Jahre lang in ihrem Haus, verkaufte es 1897 an die Familie Böhm („Boodamaura") und übersiedelte nach Eger.

5. Rabbi Weis aus Steingrub

Berühmtester Sohn Steingrubs ist Rabbiner Isack Weis (Isaac Mayer Wise). Seine Eltern waren nicht, wie in den meisten Biografien angegeben, Regina und Leo Weis aus Dürrmaul (um 1820 Lehrer in Steingrub)[59]. Isacks Großvater Isak, Sohn des Herschel Weis, hatte 1780 Sabina, Tochter des Weinbrenners Samuel und seiner Ehefrau Katharina aus Wallhof, geheiratet und war von 1788 bis zu seinem Tod 1808 Schutzjude und Händler in Neukirchen. Abraham (1787–1836), der dritte von vier Brüdern, war der Vater des Rabbis. Er ehelichte 1821 Anna (Minna) Steiniger, Tochter des Joachim Steiniger aus Steinbach (Štampach) bei Falkenau und der Lea (Sara), geborene Hirsch (1756/57–1833), aus Katzengrün (Kaceřov). Das Paar bekam 1822/35 sieben Kinder. Isack war das dritte Kind und, nach dem frühen Tod seines Bruders, der älteste Sohn. Er wurde am 1. Oktober 1824 (laut jüdischer Geburtsmatrik von Steingrub) oder am 1. Dezember 1825 (laut Kirchenbuch von Neukirchen) geboren. Seine Beschneidung nahm Abraham Spiegl (s. oben Kap. 4) vor, Zeugen waren Nephtal Rosenbaum und Nathan Heller.

---

59 FIEDLER, Jiří: *Židovská obec Lomnička a americký rabín Isak Mayer Wise*. In: Sborník Chebského muzea, Cheb 2001

Isacks Großmutter Lea Steiniger war auch nach Steingrub übergesiedelt, wo drei ihrer Töchter mit Familie lebten. Sie starb mit 76 Jahren 1833 und war wohl eine wertvolle Bezugsperson für alle ihre Enkel. Isacks scheinbar wichtigstes Vorbild war jedoch Löw Mayer (1778/79–1831), ein Handelsmann aus Königswart, der ab 1814 in einem der beiden Vorgängerbauten von Haus 41 am Steg wohnte, wo bis 1858 der Betsaal war. Vielleicht hatte Mayer dort eine religiös-pädagogische Funktion. Jedenfalls wurde aus Isack (Abraham) Weis später in den USA Isaac Mayer Wise.

Abb. 8: Isaak Mayer Wise (1819-1900), Begründer des Reformjudentums in den USA. Bild: Wikipedia.

Doch bevor er auswanderte, besuchte er mit finanzieller Unterstützung von Verwandten 1831/43 die Altneuschule in Prag. 1843/46 war er „Religionsweiser". 1844 heiratete er Therese Bloch (1822–74), Tochter von Hermann Bloch aus Grafenried (Lučina) an der bayerischen Grenze (Bezirk Ronsperg) (s. Abb. 3). Sie war im März 1845 in Radnitz (Radnice) bei Rokytzan (Rokycany) von einem Sohn entbunden worden, der drei Wochen später starb. Im Geburtsregister wird die Mutter als ledig und im Sterberegister werden die Eltern als Eheleute bezeichnet. Vermutlich hatten sie zunächst nur heimlich in einer sogenannten Dachbodenhochzeit eine rituelle Ehe geschlossen, die der Staat solange nicht anerkannte, bis eine Familiantenstelle frei wurde. Als Tochter Emilie (* 1846) ein halbes Jahr alt war, übersiedelte Familie Weis nach Amerika, wo sie am 23. Juli 1846 angeblich mit nur 2 $ in der Tasche ankam.

Bei der Einwanderungsbehörde machte sich Isack fünf (oder sechs?) Jahre älter. Das fiktive Geburtsdatum (29.03.1819) brachte spätere Biografen auf die falschen Eltern. Acht Jahre lebte Familie Wise in Albany (New York) und übersiedelte dann nach Cincinnati (Ohio), wo die Reformen des jungen Rabbiners nicht auf Ablehnung, sondern auf Unterstützung trafen. Emilie bekam noch vier Geschwister (Leo: 1849–1930). Nach dem Tod der Mutter heiratete der Vater Selma Bondi (1843–1934). Ihr Sohn Jonah (1881–1959) wurde wie sein Vater Rabbiner. Isaac Mayer Wise war ein moderner Theologe und berühmter Rabbi, Begründer des Reformjudentums in den USA. Zu seinen Neuerungen gehörte u. a. die Einführung des Orgelspiels und der englischen Sprache in den Gottesdienst. Er verfasste ein Gebetbuch, das 1857 in Englisch und Deutsch erschien. Hoch angesehen starb Isaac Mayer Wise am 26. März 1900 in Cincinnati (Abb. 8).

6. Die Franzensbader Israelitische Gemeinde

6.1 Jüdische Pioniere

Seit Entstehung des Kurortes Franzensbad im Jahre 1793 betrieben dort in der Saison jüdische Kaufleute aus Steingrub (Kaufmann Spiegl u. a.), Neukirchen, Kleinschüttüber (Kaufmann Pfefferkorn), Miltigau (Milíkov), Luck (Luka) bei Buchau (Bochov) und in anderen Orten offene Kaufläden oder Buden. 1835/54 ist der koschere Fleischermeister Philipp Adler aus Pochlowitz bei Königsberg an der Eger mit seiner Frau, einer geborenen Heller, in Franzensbad nachweisbar. So gut wie alle Saisonpendler übersiedelten ab 1849 in den Kurort, der 1865 zur Stadt erhoben wurde. Diese Land-Stadt-Wanderung, ermöglicht durch die neue Verfassung des Kaisertums Österreich, erfasste ganz Böhmen und andere Kronländer. So stieg die Anzahl der jüdischen Familien in Franzensbad von 1846 bis 1874 von einer auf 19. Der Anteil mosaischer Einwohner schwankte zwischen 2,8 und 3,8 %. Evangelische gab es stets viel mehr. 1921 wurden 209 „Tschechoslowaken" erfasst, 1930 aber nur noch 74. Unter den 64 Juden von 1930 waren 9 Zionisten. Hinzu kamen noch 15 Israeliten im Vorort Schlada. Der Anteil von etwa 3 % Juden unter der Wohnbevölkerung sagt natürlich nichts über den Anteil unter den Kurgästen aus, der möglicherweise in der einen oder anderen Hochsaison höher lag. Bis 1870 kamen an die 3.000 Juden in den aufstrebenden Badeort, anfangs nur wenige und später mehr als 100 pro Sommer.

Die koschere Garküche, die J. Kauders um 1830 im Kurbad eröffnete und anfangs nur in der Saison von Mai bis September betreiben durfte, erfreute sich wachsender Beliebtheit bei mosaischen Kurgästen. Familie Kauders stammte vermutlich aus Eger. Josef Vinzenz Kauders (* 1810 in Eger) könnte ein Verwandter gewesen sein. Er praktizierte 1839/42 als Brunnenarzt in Franzensbad und war zuletzt Chefarzt im Egerer Krankenhaus. MedDr. Kauders († 1875) war als Wohltäter der Armen bekannt und geachtet. Babette Kauders (1809–86) heiratete um 1833 Philipp Adler junior (1813–96). Er übernahm nicht nur das Lokal seines Schwiegervaters, sondern setzte auch dessen religiöse Initiativen fort. Sogar jüdische Gottesdienste feierte man in der Gaststube. Die Adlers waren spätestens ab 1846 die erste fest ansässige Judenfamilie in Franzensbad.

Wo mag wohl Kauders Garküche, die Keimzelle jüdischen Lebens in Franzensbad, gewesen sein? Die beiden Häuser mit der Nr. 10 (Hinterhaus 1795 und Vorderhaus 1803 erbaut; s. Abb. 9; heute: Národni 3) bildeten zusammen das Gasthaus „Weißer Schwan" und gehörten vier Generationen lang der Familie Reif. Im Hinterhaus, in der Mitte zwischen beiden Straßen, könnte Kauders Pächter der Gastwirtschaft gewesen sein. 1860 hatte Philipps ältester Sohn, Simon Adler (1834–1909), beide Häuser gekauft und nannte das vordere nun „Prinzessin von Oranien". 1865/66 ließ Philipp Adler auf der Gartenfläche hinter dem Hinterhaus, die an die Kirchenstraße grenzte, einen Hotelneubau errichten, der die Hausnummer 89 und den Hausnamen „Adler" bekam (heute: Jiráskova 4). Dieses Haus ist nicht zu verwechseln mit dem „Schwarzen Adler" (Haus-Nr. 5)[60], dem Haus von Dr. Bernhard Adler (1753–1810), der kein Jude war. In einem Reiseführer von 1911 wird Haus „Adler" unter Hotels mit dem Zusatz „israelitisch" aufgelistet. Vater Philipp überließ es später seinem Sohn Ignaz und dieser gab es 1886 an seinen Bruder Moritz weiter.

Moritz Adler starb 1892 mit 45 Jahren. Die Erben verkauften das Hotel an Salomon Eckstein. Dieser machte daraus das Hotel „Rübezahl". Aber für sein koscheres Restaurant behielt er den bekannten Namen „Adler" bei. Eckstein stammte aus Berlin und war in mehreren Kurorten gleichzeitig aktiv. 1913/14 kam er aus dem oberbayerischen Bad Reichenhall ins sächsische Bad Elster (20 Kilometer nördlich von Franzensbad), wo er ebenfalls ein Lokal bzw. Hotel be-

---

60 Die in runden Klammern angegebenen Hausnummern beziehen sich auf die roten Schilder mit weißen Zahlen. Es sind Ortslistennummern, die auch Rückschlüsse auf das Alter der Gebäude zulassen. Sie dürfen bei der Suche nach den Häusern nicht verwechselt werden mit den später zusätzlich angebrachten blauen, straßenweisen Hausnummern.

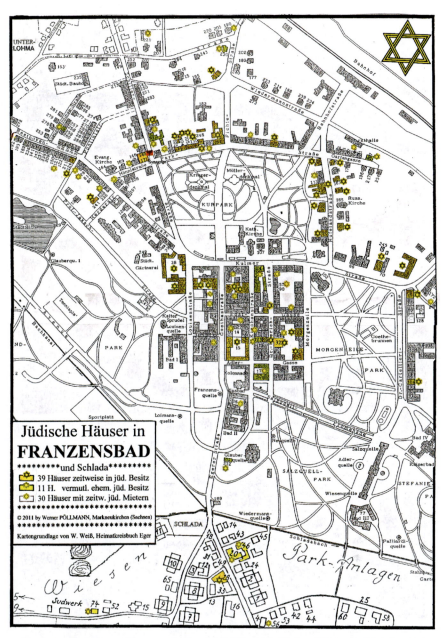

Abb. 9: Stadtplan von Franzensbad vor 1945 mit jüdischen Häusern (Zeichnung von Walter Weiß mit Ergänzungen von Werner Pöllmann 2011)

saß. Salomon Eckstein und sein Sohn wurden 1919 wegen eines in Asch aufgedeckten Schmuggels von falschen Banknotenstempeln verhaftet.[61] Seinen Besitz in Bad Elster verkaufte Eckstein im Januar 1919. Um 1925 erwarb Bäckermeister Franz Fischer (kein Jude) aus Falkenau das Franzensbader „Rübezahl". Nach 1945 hieß Haus 89 „Labe" (Elbe), dann „International" und heute ist es eine Dependance vom „Savoy".

6.2 Gründung der Israelitischen Kultusgemeinde

1873 erwarb die „Kultusgemeinde-Religions-Genossenschaft" einen Bauplatz für eine Synagoge sowie ein Grundstück für einen Friedhof. Diesem Verein gehörten 32 selbstständige, eigenberechtigte israelitische Glaubensgenossen aus Franzensbad (19, davon 8 Ärzte), Altenteich (1), Wildstein (3), Haslau (3) und Asch (6) an. Zu diesen 32 Männern kamen natürlich noch weitere Familienangehörige, so dass die Zahl der Juden in diesen fünf Orten wohl weit über 100 lag. Philipp Adler war Obmann des vierköpfigen Ausschusses, der am 20. Juli 1874 gewählt wurde, um Statuten für eine ordentliche Kultusgemeinde auszuarbeiten, welche am 18. August 1874 die Hohe k. u. k. Statthalterei zu Prag bestätigte (Z 43018). Adler wurde bis 1892 erster Vorsteher der Israelitischen Kultusgemeinde (IKG) zu Franzensbad. Die Mitgliedschaft war in drei Klassen geteilt. Die erste zahlte 100 fl. (Gulden), die zweite 30 fl. und die dritte 25 fl. Gemeindesteuer[62]. Eine Trauung kostete 1,50 fl. Am 10. August 1875 wurde der israelitische Matrikenbezirk Franzensbad einschließlich Lohma (Lomany), Schlada (Slatina), Wildstein, Altenteich, Haslau und Asch gebildet. Damit führte die IKG nun ihre eigenen Personenstandsbücher. Moses Simon war 1858/68 Mohel und wohnte 1860/62 in Schlada.

Der Bauplatz für die Synagoge an der Ecke Karlsstraße/Hönnlstraße (s. Abb. 9) hatte 1.350 fl. gekostet. Von Architekt Karl Wiedermann hatte man sich 1873/74 zunächst ein schlichtes Bethaus im neoromanischen Stil (140) erbauen lassen. Ein kleiner Anbau auf der Rückseite enthielt Schulräume und die Lehrerwohnung. Der Religionslehrer wurde von den Gemeindemitgliedern besoldet. Erst am 12. August 1877 hat man die schon 1874 bezogene Synagoge feierlich eingeweiht. Sie kostete zusammen mit dem Friedhof in Oberlohma (Horní Lo-

---

61 JOHN, Alois: *Franzensbad*. Bd. II. Franzensbad 1925, S. 528
62 Fl (lat.: florenus aureaus) = Gulden; „österreichische Währung" 1858/92: 1 fl = 100 Kreuzer (2 Taler = 3 ½ Gulden = 6 Mark)

many), Katasternummer 289, 10.600 fl., wovon aber erst 6.800 fl. bezahlt waren. Jedes Gemeindemitglied hat 200 fl. dazu beigetragen. Kaiser Franz Josef spendete 200 fl. und die Stadtgemeinde Franzensbad 500 fl.

Bestattungen jüdischer Kurgäste aus Franzensbad sind ab 1853 in Königsberg an der Eger und ab 1872 in Eger nachweisbar, bevor 1875 der Franzensbader Judenfriedhof in Oberlohma eröffnet wurde. Zu den ersten beerdigten Personen gehörten 1876 Minna Herz, 61 Jahre, geboren in Kleinschüttüber, zwei Kinder von Emanuel Spiegl sowie Klara Pollack, geboren in Neukirchen. Im November 1895 gab es schon 55 Gräber. Dazu gehörte auch die Ruhestätte der aus Steingrub stammenden Bankiersfamilie Schwarz aus Greiz in Thüringen. 1933 erweiterte man das Areal um ca. ein Drittel auf insgesamt 2.000 m². In der Mauer zwischen dem alten und dem neuen Teil des Friedhofs wurde ein Durchbruch geschaffen. Heute besteht dort ein privater Kleingarten ohne die Zwischenmauer. Der „Gute Ort" wurde 1938 verwüstet und bald darauf eingeebnet. Auch der gegenüberliegende deutsche Friedhof wurde 1980 bis auf wenige Reste beseitigt.

Nicht nur in den Sterbematriken finden sich Personen aus vielen Ländern Europas. Die Franzensbader Synagoge und Hotellerie boten auch den standesgemäßen Rahmen für Hochzeitsfeste ausländischer Juden, wie man in den Trauungsregistern nachlesen kann.

1890 hatte die IKG 54 Mitglieder in Franzensbad, 64 in Asch und 8 in Haslau. Angaben über Schlada fehlen. Nach einer gesetzlichen Neuordnung der jüdischen Gemeinden Böhmens übernahm die Franzensbader Kultusgemeinde 1895 die IKG von Steingrub mit allen Juden der ehemaligen Grundherrschaften Wallhof und Schönbach, nämlich 58 Personen in elf Orten. 1911 gab es 94, 1912 96, 1913/18 90 und 1920/21 80 zahlende Mitglieder, deren Familien ca. 300 Personen umfassten. Der Franzensbader Kantor, Religionslehrer und Schächter Isak Löwus († 1904) wurde 1896 zum ersten eigenen Rabbiner ernannt.

In der Karlsstraße war 1872/73 von dem jüdischen Arzt MedDr. Friedrich Boschan das Waisenhaus „Äskulap" (131) errichtet worden. 1897/98 fügte Architekt Gustav Wiedermann zwischen „Äskulap" und Synagoge das „Kaiser-Franz-Josef-Jubiläums-Hospital" (173) ein und verband es mit dem Sakralbau seines Vaters durch eine dreitürmige, repräsentative Eckbebauung von einer Größe, die die Türme der drei Franzensbader Kirchen in den Schatten stellte. Das israelitische Gemeindezentrum (Abb. 10) war nun Synagoge, Schule, Wohn- und Kurhaus in einem. „Das Gebäude ist im maurischen Stile errichtet und gereicht dem Kurorte zur besonderen Zierde."⁶³ Spenden dafür kamen auch von wohlhabenden Kurgästen wie der Baronin Hirsch-Gereuth (Wien), Franziska Ginsberg (Berlin) und Baron Albert Rotschild (Wien). Arme, kurbedürftige Israeliten waren zuvor privat untergebracht, in jüdischen Restaurants gratis beköstigt und in verschiedenen Badehäusern behandelt worden. Die Finanzierung übernahmen Sponsoren. Im neuen Hospital konnte nun eine vollständige vierwöchige Kur für 60 Personen unter einem Dach gewährt werden, die bis 1918 kostenlos war. Die ärztliche Leitung (Ordinariat) oblag Leopold Fellner (1898/1900), Julius Hirsch (1900/19) und Alfred Kraus (1919/24). Danach wurde die freie Ärztewahl eingeführt.

Abb. 10: Synagoge von Franzensbad um 1900 (Städtisches Museum Františkovy Lázně)

---

63 Autorenkollektiv: *Franzensbad*. Verlag der Kurverwaltung. Franzensbad 1902

1904/08 lagen Rabbinat, Vorbeter- und Schächteramt in den Händen von J. Skremsky und Ezechiel Nußbaum, die danach in andere Kultusgemeinden wechselten. Ab 15. Januar 1908 wirkte PhDr. David Spitzer fast 31 Jahre als Rabbi in Franzensbad. Seine Dienstwohnung war im Synagogengebäude untergebracht. In Frankfurt am Main ausgebildet, war er zunächst Religionslehrer in Wien, dann Rabbi in Tuzla (Bosnien) und Sissek (Kroatien) gewesen.

6.3 Jüdisches Leben zwischen Integration und Separation

Juden bildeten in Orten, wo es viele von ihnen gab, eine in sich geschlossene Gesellschaft. In Franzensbad waren sie in eine Ober-, Mittel- und Unterschicht geteilt. Mit jüdischen Kindern, die in der Schule oft zu den Besten gehörten, kamen Christen nur dort in engere Berührung. Viele besuchten das Egerer Gymnasium. Außerunterrichtliche oder gar außerschulische Kontakte wie z. B. in der Laienspielgruppe oder Tanzstunde gab es in der Erinnerung von Friedrich Stelzner (* 1921) nur wenige. Offener Antisemitismus war zumindest im Weltkurort Franzensbad kaum zu bemerken. Die Juden wollten eben unter sich bleiben. Nur selten betrat ein Katholik den Judenfriedhof und umgekehrt, obwohl beide Gottesäcker gleich nebeneinander lagen.[64] Im Gegensatz dazu berichtete Judith Preckur (* 1921),[65] dass christliche und jüdische Kinder durchaus zusammen spielten und einander besuchten. Sie glaubt, dass auch die Erwachsenen private Kontakte über religiöse und soziale Schranken hinweg hatten. Ein Beispiel ist der k. u.k.-Oberleutnant Hans Dietl. Er verlobte sich zum Entsetzen seiner Familie mitten im Ersten Weltkrieg mit der Jüdin Lilli Werber aus Lemberg (Galizien). Schon als Kadett wurde er als Träger der höchsten Tapferkeitsauszeichnung sehr bewundert. 1918 löschte eine Granate in einer Schlacht am Isonzo sein junges Leben aus. So war dieses „gesellschaftliche Problem" gelöst. Nach dem Krieg besuchte seine Ex-Verlobte noch ein letztes Mal den egerländischen Kurort.

Judith Preckur erinnerte sich auch noch gut an Familie Raab. Mit Tochter Erika hat sie gerne Ball gespielt. Samstags durften sie sich aber dabei nicht von Erikas Eltern erwischen lassen. Am Sabbat war Ballspielen tabu. Im koscheren Restaurant waren Tische, an denen „milchige" Speisen serviert wurden, mit anderen Tüchern gedeckt als jene, wo man „Fleischiges" zu sich nehmen konnte,

---

64 STELZNER, Friedrich: *Lebenswellen, Lebenswogen eines Chirurgen.* Bonn 1998
65 Persönliche Korrespondenz mit dem Autor.

eine Tatsache, die Judith als Mädchen amüsierte. Im Winter wohnten Raabs in Wien, II. Bezirk, Nickelgasse 1. Simon Raab (* 1882 in Ašakert [seit 1948: Nové Sady] bei Neutra [Nitra, Slowakei]) hatte Henriette, geborene Nagel (* 1883 in Turnau [Turnov]), zur Frau. Er besaß auch noch ein Restaurant in Marienbad. Die Familie kehrte 1938/39 zurück in die slowakische Heimat des Vaters.

Die ganz für sich lebenden orthodoxen Juden trafen sich immer im Hotel Bombach, einem großen Gasthaus in Schlada (unmittelbar südlich an Franzensbad angrenzend) mit grünen hebräischen Buchstaben auf weißer Fassade. Es trug die Nr. 28 und gehörte Osirs Bombach (ab 1939 Max und Ida Korndörfer, um 1950 abgerissen). Jeden Freitagabend war dort alles hell erleuchtet. Die Gesänge zum Sabbatanfang waren auch schräg gegenüber im Restaurant Wildmann vernehmbar. Die Orthodoxen wählten den Vorort Schlada nicht, weil es dort billiger gewesen wäre, wie viele Nichtjuden glaubten, denn koschere Erzeugnisse sind fast doppelt so teuer wie „normale". Wichtig war vielmehr, dass es im „Bombach" eine Mikwe, ein rituelles Tauchbad, gab.

Bombachs Tochter und die vier Wildmann-Schwestern aus der Nachbarschaft durften samstags aus religiösen Gründen nie mit dem Zug ins Lyzeum nach Eger fahren, sondern mussten die sechs Kilometer, also hin und zurück zwölf Kilometer, zu Fuß gehen. Max Wildmanns Familie wohnte in den Häusern Nr. 20 (heute: Chebská 5) und 46. Sie betrieb dort eine koschere Gaststätte.

Leon Zwilling (* 1893 in Stry, 70 Kilometer südlich von Lemberg in Galizien) war im Ersten Weltkrieg als Krankenpfleger erstmals in Franzensbad gewesen. Mit seiner Frau, Franziska, geborene Guttenplan (* 1892 in Kalusch in Galizien), kam er nach dem Krieg aus dem neuen Staat Polen in den neuen Staat Tschechoslowakei und eröffnete in den Palace-Kolonnaden der Adlergasse einen kleinen Laden für koschere Lebensmittel und jüdische Kultgegenstände. Doch schon bald gab er dieses Geschäft auf und wechselte in die Gastronomie. Gleich um die Ecke, in der Kirchenstraße, richtete er in den Kolonnaden (die es dort heute nicht mehr gibt) zwei Küchen ein und stellte Tische und Stühle auf den Gehsteig. Sein Imbiss lief gut, weil er nicht nur koscher, sondern auch vegetarisch war. Als einziges vegetarisches Lokal der Stadt wurde es nicht nur von Juden gerne besucht. Familie Zwilling wohnte in Schlada, Nr. 4, bei Anna und Adam Frank, hatte aber schon zwischen den Höfen 10 und 11 von Bauer Kohl einen Bauplatz für ein eigenes Hotel erworben.[66] Die Eheleute Zwilling hatten zwei Söhne, Max (* 1922) und Isu (* 1927).

---

66 Heute befinden sich dort das Hotel „Bohemia" und ein Großparkplatz.

6.4 Kriegsflüchtlinge aus Galizien und der Bukowina

Leon Zwilling war nicht der einzige galizische Jude, der ins Egerland kam. Mehrere Fluchtwellen erfassten im Ersten Weltkrieg viele, zumeist orthodoxe Ostjuden, die aus dem äußersten Osten des österreichischen Teils der k. u.k.-Monarchie, aus Galizien und der Bukowina, vor antisemitischen Exzessen der zaristischen Armee in den äußersten Westen flüchteten. Im November 1914 kamen die ersten 1.380 Flüchtlinge im Bezirk Eger und fast ebenso viele im Bezirk Asch an. In Eger hatte man in der Wäschefabrik Neumann ein Notaufnahmelager eingerichtet. In Haslau gab es für 64 Exilanten einen provisorischen Gebetsraum im Haus 219 und in Asch einen in der Josefsgasse 263. Auch in Franzensbad, Wildstein, Schönbach und anderen Orten nahm man jüdische Flüchtlinge auf. Der Staat zahlte 70 Heller pro Tag und Person.

Der Oberkantor der Jüdischen Gemeinde zu Eger, Armin Wilkowitsch, schrieb dazu: „Herr Bürgermeister Sommer in Wildstein und Herr von Helmfeld in Altenteich beschafften für die Kriegsflüchtlinge teils kostenlose Unterkünfte und Heizstoffe, aber auch Kartoffeln und andere Lebensmittel." Durch die Flucht gab es nun auch wieder mehr jüdische Kinder in den Volksschulen. Wer von ihnen neben Polnisch oder Ukrainisch auch Jiddisch sprach, konnte zwar dem hochdeutschen Unterricht folgen, hatte aber dennoch mit dem Egerländer Dialekt zu kämpfen. Ab August 1915 kehrten die meisten wieder in ihre Heimat zurück.

Ende Juni 1916 kam eine neue Flüchtlingswelle. „In Galizien und der Bukowina müssen gar keine Christen sein", wunderte sich Pfarrer Wöhrer.[67] Er wusste anscheinend nicht, dass die zaristische Soldateska ihren Frust in Pogromen an Juden abreagierte.

Am 1. Juli 1916 trafen die ersten Juden aus der Gegend um Koloma in Fleißen (Plesná) ein. Nur einige alte Kleidungsstücke und etwas Geschirr hatten sie mitnehmen können. „Von der Bevölkerung wurden sie aber nur mit Widerwillen aufgenommen, da man mit jenen von 1914 in den Nachbarorten keine guten Erfahrungen gemacht hatte (Unreinlichkeit, Unehrlichkeit)."[68] Auch in Schnecken (Šneky), im Saal des Wirtshauses Ulrich, in Großloh (Velký Luh) und in Steingrub wurden einige einquartiert. In Fleißen kamen 32 Personen unter (11 in

---
67 KÖHLER, Johann/WÖHRER, Wilhelm u. a.: *Pfarrchronik von Fleißen und Schnecken 1898–1949*. Eichstätt 1992
68 Ebenda. Ähnliche Vorbehalte trafen 30 Jahre später nicht wenige heimatvertriebene Sudentendeutsche.

der Gaststube von Christian Fischer, 13 in der Werkstätte von Vinzenz Amarotico [der als Italiener interniert war], 2 im „Stadt Wien" bei Hermann Braun, 5 beim Geigenbauer Gustav Penzel). Ein Foto aus Fischers Gaststube zeigt acht der Heimatlosen (s. Abb. 11), die nach wenigen Tagen an Typhus erkrankten. Isak Fuchs, einer der Flüchtlinge, starb am 24. März 1918 und wurde auf dem nahen Judenfriedhof von Steingrub begraben. Er soll Fleißens letzter Jude gewesen sein.

Abb. 11: Acht aus Galizien geflüchtete Juden in Fischers Gaststube in Fleißen im Juli 1916 (Abbildung: KÖHLER/WÖHRER 1992)

6.5. Flucht und Vertreibung

Viele Juden, denen im Hitlerreich das Leben immer schwerer gemacht wurde, suchten Zuflucht in der ČSR, nicht ahnend, dass sie dort im Oktober 1938 bzw. im März 1939 vom NS-Regime eingeholt würden.

Die meisten Juden verließen das so genannte Sudetenland schon vor dem Münchner Abkommen. Der Massenexodus begann nach der berüchtigten Hitlerrede vom 12. September 1938 auf dem Reichsparteitag in Nürnberg, nach der es unmittelbar zu Zerstörungen von Geschäften in Asch, Eger und Karlsbad kam, und steigerte sich nach der „Selbstbefreiung" des Ascher Zipfels am 21. September. Niemand wagte es, öffentlich Anteil am Schicksal der Flüchtlinge zu nehmen. In der Zeitung war zu lesen: „... so wurde auch in Franzensbad in den letzten Tagen sehr viel gepackt. Franzensbad hatte einen hohen Prozentsatz nichtarischer Ärzte, die bis auf wenige Ausnahmen bereits abgereist sind und zum größten Teil auch ihre Wohnungen liquidiert haben. Der Hausbesitz konnte nicht mitgenommen werden, weshalb augenblicklich schöne und moderne Kurhäuser zu billigen Preisen zu haben sind. ... Die jüdischen Geschäfte sind durchweg geschlossen und die Inhaber abgereist. ..."[69]

In Franzensbad zündete Feuerwehrmann Georg K.[70] in der Reichspogromnacht die Synagoge, zu deren Bau die Stadtgemeinde einst 500 fl. gespendet hatte, an. Die Kameraden mit ihrem Kommandanten, Schneidermeister Amandus Schwarz, waren alle da, um den Brand zu kontrollieren – nicht etwa, um ihn zu löschen. Auch die Ehrenvorsitzenden, MUDr. Carl Holzer und Oberlehrer Willibald Retter aus Oberlohma, sowie eine große Anzahl Schaulustiger waren zur Stelle. Die Feuerwehr bemühte sich erfolgreich, ein Übergreifen der Flammen auf die unmittelbar angebauten Nachbarhäuser zu verhindern. Augenzeugen erinnern sich noch an die beiden auf der ausgebrannten Synagoge lange stehengebliebenen, schwarz-marmornen Gesetzestafeln mit den hebräischen Zeichen der Zehn Gebote: Ein Menetekel für das, was noch folgen sollte! Erst 1944 wurde die Ruine beseitigt.

Zerstört wurde auch das im Stadtpark stehende Esperanto-Denkmal (Abb. 12). Ludwig Lazarus Zamenhof, ein jüdischer Augenarzt aus Warschau (1858–1917), hatte 1887 diese internationale Kunstsprache erfunden. Esperanto bedeutet „Hoffnung". Die Errichtung des Denkmals war eine Initiative des IV. Esperanto-Kongresses, der in Franzensbad abgehalten wurde. Das am 31. Mai 1914 enthüllte, beeindruckende sechs Meter hohe Jugendstilmonument am Teichufer im Kurpark hatte Karl Wilfert d. J. geschaffen. Eine von fünf Frauengestalten, den fünf Kontinenten, getragene Weltkugel symbolisierte die weltumspannende Idee der Esperanto-Sprache. Aus den Trümmern ragte Ende 1938 wie ein Fanal noch länger der gemauerte Ziegelkern der geborstenen Erde.

In einer Ausgabe der Egerer Zeitung vom November 1939 sind „mit Genehmigung des Regierungspräsidenten in Karlsbad" alle „Arisierungen" des umfangreichen jüdischen Eigentums dokumentiert. Nachdem die letzten 14 jüdischen Familien ins Innere Böhmens gezogen waren, konnte der zur Franzensbader Kul-

---

69 Egerer Zeitung vom 22. September 1938
70 Name bekannt. Er war Maler und wohnte in der einstigen Tschechischen Schule.

tusgemeinde gehörende Bezirk Asch Mitte November 1938 als „judenfrei" gemeldet werden.

Die „Arisierungen" unterschieden sich äußerlich kaum von regulären Immobilienverkäufen. Allerdings hatten die jüdischen Alteigentümer keine Wahl. Sie wurden gezwungen unter Zeitnot und dabei fast immer unter Wert zu verkaufen. Die Erlöse reichten oft kaum für die „Judenvermögensabgabe", die „Reichsfluchtsteuer" und für andere Zahlungen, so dass der Verlust des Hauses in den meisten Fällen einer Enteignung gleichkam. So wie im „Altreich" per Verordnung vom 26. April 1938 alle Juden ihr Vermögen hatten anmelden müssen, so kam es auch hier. Diese Anmeldung war „gesetzliche Basis" für die Kontribution (20 % des Vermögens), die nach der Pogromnacht von Juden als „Sühneleistung" zu entrichten war, und diente als Kalkulation bei „Arisierungen". Offiziell durften ab Ende 1938 nur noch 10 RM Bargeld pro Person ausgeführt werden.

Abb. 12: Esperanto-Denkmal in Franzensbad um 1925 (AK: Jakob Hechtl)

Max Zwilling überlebte die NS-Zeit dank einer Verkettung glücklicher Umstände. 1936 hatte er eine Goldschmiedlehre in Prag begonnen. Ende September 1938 waren auch seine Eltern mit dem Bruder und dem Onkel, Leon Guttenplan, in die böhmische Metropole geflohen. Im August 1939 hatte die Gestapo

Max, seinen Vater und seinen Onkel in Prag verhaftet, im September (also kurz nach Kriegsausbruch) mit dem Zug in ein Lager ins polnische Sosnowitz gebracht und im Februar 1940 nach Vyhne (Eisenbad) in der Slowakei verlegt. Damals dachte die NS-Führung noch nicht an die Vernichtung, sondern „nur" an die Aussiedlung der Juden. Eine zionistische Organisation in der seinerzeit „unabhängigen" Slowakei kaufte den abgewrackten Raddampfer „Pentcho", um 514 Juden nach Palästina zu bringen. Die zehn Jüngsten aus dem Lager Vyhne durften gratis mitfahren, unter ihnen Max Zwilling. Max sah seine Familie nie wieder. Mutter und Bruder waren in Prag zurückgeblieben.

Am 16. Mai 1940 begann die Reise in Preßburg, von dort die Donau hinab, an der Küste des Schwarzen Meeres entlang, durch den Bosporus bis in die Ägäis. Nahe der Insel Rhodos lief das Flussschiff nach fünfmonatiger Fahrt auf eine Sandbank, weil es nach einer Kesselexplosion manövrierunfähig geworden war. Die Schiffbrüchigen konnten sich auf die unbewohnte Insel Kamilanisi retten und mussten zusehen, wie die „Pentcho" nach drei Tagen zerbrach und sank.

Die Italiener internierten die Passagiere am 18. Oktober 1940 auf Rhodos und verlegten sie im März 1942 nach Ferramonti di Tarsia bei Cosenza in Kalabrien, wo sie am 3. September 1943 von Alliierten befreit wurden. Diese vierjährige „Odyssee" wurde auch literarisch aufgearbeitet.[71]

6.6 Shoa und Displaced Persons

1941/45 haben die Nazis u. a. auch Dutzende Franzensbader Juden, von denen nur sehr wenige bis zuletzt im Kurort geblieben waren, zumeist über das Ghetto Theresienstadt (Terezín) in die Vernichtungslager deportiert und ermordet. In Böhmen und Mähren gab es 1939 noch 73.608 zumeist deutschsprachige Juden, von denen 66.534 im Ghetto Theresienstadt inhaftiert wurden. Dort starben 6.152 von ihnen, weitere 60.382 wurden in Vernichtungslager im Osten deportiert, meistens nach Auschwitz, von denen nur 3.097 überlebten[72]. Zu diesen 63.437 sind noch weitere Juden aus dem Gebiet des Protektorats hinzuzuzählen, die ohne vorherige Inhaftierung in Theresienstadt umgebracht wurden sowie Tausende Tote unter den Juden des Sudetenlandes, das 1938 an das Reich angeschlossen worden war. Insgesamt 77.297 Namen von jüdischen Opfern der

---

71 BIERMAN, John: *Odyssee*. Berlin 1985
72 www.ghetto-theresienstadt.info/pages/d/deutscheinterezin.htm [aufgerufen am 11.8.2018]

Shoah aus den Böhmischen Ländern sind an den Wänden der Prager Pinkas-Synagoge dokumentiert.[73]

Max Zwilling erkrankte 1943 an Malaria, kam in das Militärkrankenhaus nach Bari (Süditalien) und anschließend ins Lazarett Oran in Algerien. Dort wurde ein amerikanischer General auf ihn aufmerksam, der ihn nach seiner Genesung in einer militärischen Abhörstation bei Algier unterbrachte. Binnen drei Monaten lernte Max Englisch, damit er die Nachrichten der abgehörten Feindsender übersetzen konnte. Nach der Landung der Alliierten in der Normandie wurde im Juni 1944 das Hauptquartier in Algier aufgelöst. Max Zwilling trat im englischen Southend-on-Sea in die tschechoslowakische Exilarmee ein und wurde am neuesten britischen Panzer, am „Cromwell", ausgebildet.

Als „Sieger" sah er Anfang Juni 1945 seine böhmische Heimatstadt wieder, wo im amerikanisch besetzten Landesteil noch keine Vertreibungen von Deutschen begonnen hatten. Als die US-Truppen Westböhmen im November 1945 verließen, begann auch für Max im Januar 1946 wieder das zivile Leben. Leider musste er feststellen, dass seine Familie bis auf seinen Onkel ausgelöscht worden war.

Während des kommunistischen Umsturzes ging Max mit Hilfe eines Freundes von der „Pentcho", der für die „Hagana" in der ČSR Waffen besorgte, mit falschen Papieren illegal in den gerade gegründeten Staat Israel, wo er ab Juni 1948 die Panzertruppe der Armee aufbaute und den Namen Michael Benzvi (Sohn des Zwi, in Anlehnung an „Zwilling") annahm. Nach zwölf Jahren als Chefsteward auf Passagierschiffen heiratete er 1962 und ließ sich 1964 als Goldschmied in Deutschland nieder, wo er 2010 starb und im Sarg nach Israel zurückkehrte. Die meisten seiner Nachkommen leben heute in den USA.

Nach dem Krieg wurden überlebende deutschsprachige Juden, die bei der Volkszählung 1930 die deutsche Volkszugehörigkeit angegeben hatten, wie etwa drei Millionen Deutsche auch, die keine aktiven Antifaschisten oder wegen ihres Berufes unabkömmlich waren, vertrieben bzw. zwangsausgesiedelt. Anfang 1947 wurde die Franzensbader Kultusgemeinde mit Sitz in Asch wiederbegründet, vor allem von Emigranten aus der von der ČSR an die Sowjetunion abgetretenen Karpatoukraine. Zionistische Verbände organisierten die Übersiedlung nach Palästina. Mit Gründung des Staates Israel und der Machtergreifung der Kommunisten in der ČSR war 1948 auch für jeden dritten Holocaustüberlebenden die Zeit des Abschieds gekommen. Viele der ca. 8.000, die blieben, waren Atheisten,

---

73   www.hagalil.com/shoah/holocaust/pinkas.htm [aufgerufen am 11.8.2018]

oft sogar Kommunisten. Es erscheint wie Ironie der Geschichte, dass heute ausgerechnet im einst deutschsprachigen Grenzgebiet Nordböhmens fünf kleine jüdische Gemeinden (Karlsbad, Teplitz [Teplice], Aussig [Ústí nad Labem], Tetschen-Bodenbach [Děčín] und Reichenberg [Liberec]) relativ nahe beieinander bestehen, während es im Rest des Landes auch nur fünf Gemeinden (in Pilsen, Prag, Brünn [Brno], Olmütz [Olomouc] und Ostrau [Ostrava]) gibt, allerdings mit sehr großen Einzugsgebieten.

7. Franzensbader Brunnen- und Badeärzte

Die größte Berufsgruppe unter Franzensbader Juden, mehr als die Hälfte, waren Badeärzte, die sich im 19. Jahrhundert noch „Brunnenärzte" nannten. Ursprünglich gab es wesentlich mehr Trinkkuren. Die Herren Doktoren erteilten ihre Ordination direkt vor Ort am Brunnen der Mineralquellen. Die Saison dauerte nur sechs Monate, vom 15. April bis 15. Oktober. Manche Ärzte kamen auch vom 1. Mai bis 31. Oktober. Die meisten hatten noch Praxen in anderen Städten bis hin nach Wien. Viele besaßen in Franzensbad eigene Kurhäuser bzw. Privatsanatorien oder Pensionen. Zu den größeren Objekten gehörten z. B. die palastartigen Bauten „British Hotel" (Abb. 14) und „Kramkowski's Windsor" (Abb. 13).

Abb. 13: Kurhaus Windsor in der Kulmer Straße um 1875

Abb. 14: Kurhaus „British-Hotel" in der Parkstraße um 1875 (Beide Bilder: Städtisches Museum Františkovy Lázně)

Den Beherbergungsbetrieb leiteten zumeist ihre Ehefrauen. Nur Einzelne praktizierten als Mieter in großen Hotels bzw. städtischen Badehäusern. Manche haben großen Anteil an der Entwicklung der Gynäkologie als eigenständiger Fachrichtung. Nur sehr Wenige arbeiteten das ganze Jahr über im Kurort und betrieben (nebenbei) noch eine ordentliche Hausarztpraxis auch für Patienten der umliegenden Dörfer. In den ersten 100 Jahren wirkten 83 Ärzte (Juden und Nichtjuden, einschließlich 5 Wundärzte) im Kurort. Von ihnen waren 1893 noch 27 (darunter 6 Juden) im Dienst.

Erster bisher nachweisbarer jüdischer Arzt Franzensbads war Vincenz Kauders (1839/42), vermutlich ein Verwandter von J. Kauders, der um 1830 im Kurort eine koschere Garküche eröffnet hatte.

35 Jahre praktizierte hier Friedrich Boschan (1818–1882), von dem es heißt, dass er wesentlichen Anteil hatte, „Franzensbad auf die heutige Höhe zu bringen"[74]. Er rief gleich in seinem ersten Jahr, 1845, den Unterstützungsfonds für „arme, kurbedürftige Israeliten", 1849 ein „Zeitungs-Lesecabinet" mit 41 Zeitungen aus ganz Europa und mit seinem Kollegen Hamburger 1872 die „Oesterreichische Badezeitung" ins Leben. Boschan stammte aus einer einflussreichen und stark verzweigten Wiener Judenfamilie. Sein Namensvetter, der Wiener Großhändler Friedrich Boschan (1817–71), war Kaiserlicher Rat und wurde 1867 in den Adelsstand (Ritter von Boschan) erhoben. Noch 1860 war Boschan der einzige Jude unter neun Brunnen- und zwei Wundärzten. Er wohnte und praktizierte als Mieter im „Schwarzen Adler" (5), dem Haus des Kurortgründers Dr. Bernhard Adler (1753–1810, kein Jude). Als Mitglied zahlreicher in- und ausländischer Medizinervereine trug er viel zum europaweit guten Ruf Franzensbads bei. Der Ehrenbürger der Kurstadt, Träger unzähliger Orden und Königl.-Preuß. Geheimer Sanitätsrat war auch publizistisch tätig, schrieb z. B. eine Monografie über Moorbäder[75] und führte eine schonende Erwärmung für Mineralbäder ein, mit der die Therapie enorm verbessert wurde. Zuletzt wohnte und praktizierte Boschan bis 1879 im städtischen Kurhaus (1/2). In seinem Ordinationszimmer empfing er die Patienten in einer schwarzen, talarartigen Robe, unter der er seine sich ständig vergrößernde Leibesfülle zu verbergen suchte. In diesem Gewand und mit seinen Patienten im Gefolge bewegte er sich auch täglich zu mehreren Quellen, wo er als letzter Brunnenarzt nach alter Gepflogenheit seine Verordnungen direkt vor Ort ausgab. Mit diesen Prozessionen wirkte er als Prototyp eines Kurmediziners alter Schule auf manche Kurgäste wie ein Wunderrabbi mit seinen Schülern.

---

74 Autorenkollektiv: *Festschrift zum 100. Jubiläum von Franzensbad*. Selbstverlag des Bürgermeisteramtes, Franzensbad 1893
75 BOSCHAN, Friedrich: *Die salinischen Eisenmoorbäder zu Franzensbad und ihre Heilwirkungen*. Wien 1850

1863 war Ludwig Fürst als junger Brunnenarzt nach Franzensbad gekommen. Als er im August 1871 „in der Blüte seiner Jahre dahingeschiedenen" war (Lungenembolie), nahmen die meisten Franzensbader Ärzte an der Beerdigung des hochgeschätzten Kollegen in Prag teil. Sanitätsrat Boschan wollte zum Andenken an diesen „ehrenhaften und strebsamen Arzt unseres Kurorts" ein Monument errichten. Doch schon bald meldeten sich anonyme Kritiker, denen nicht passte, dass Juden für Juden Denkmäler bauen, auch wenn sie das nicht so direkt zu sagen wagten. Um diesen Widersachern den Wind aus den Segeln zu nehmen, gründete Boschan ein „provisorisches Comité zur Errichtung eines Waisen-Stiftungshauses für alle Confessionen in Franzensbad" und sammelte als dessen Obmann weiterhin fleißig Spenden, vorwiegend bei Ärzten und Kurgästen. Ende 1871 waren schon 7.000 fl. beisammen. Doch ein Waisenhaus ohne konfessionelle Trennung war umstritten. Boschan setzte den Bau gegen „gehässige Anfeindungen" durch. Das 1872 erbaute Haus „Äskulap" (131) wurde im Mai 1873 bezogen und bekam innen eine Büste Ludwig Fürsts von dem Wiener Bildhauer Vinzenz Pilz (1816–96). In die 18 Zimmer zogen zunächst Mieter ein. Boschan hatte den Bau der Architekten Gruber (Wien) und Wiedermann (Franzensbad), der inklusive Grundstück und Büste 28.000 fl. gekostet hatte, zur Hälfte aus eigener Tasche bezahlt und sollte die Mieteinnahmen bekommen, bis das Haus Äskulap schuldenfrei war und seinem eigentlichen Zweck zugeführt werden konnte. Unter den „Humanitätsanstalten" ist es 1893 noch nicht aufgeführt. Ob vor dem Untergang der Monarchie Boschans Plan Realität wurde? In den 1920er Jahren waren in dem nun stadteigenen Haus Museum, Bibliothek und Archiv untergebracht. 1938 entfernten die Nazis sowohl die Bronzebüste als auch die Gedenktafel und schmolzen sie ein Jahr später für Rüstungszwecke ein.[76]

Es ist nicht mehr festzustellen, ob die antisemitischen Angriffe gegen die Person von Friedrich Boschan oder gegen sein interkonfessionelles (ökumenisches) Waisenhaus und das Andenken an Ludwig Fürst gerichtet waren. Boschan, der in Franzensbad sein 25- und 30jähriges Dienstjubiläum feierte, schrieb im Januar 1880 in Wien seinen Abschiedsbrief an Bürgermeister Thaddäus Schack. Es spricht keine Bitterkeit aus den Zeilen, aber Enttäuschung ist unverkennbar. Die privat finanzierten Ein- und Umbauten seiner Wohnung im Kurhaus vermachte er der Stadt. 1882 starb Sanitätsrat MedDr. Friedrich Boschan in (Wien-)Hiet-

---

76 BOHÁČ, Jaromír: *Denkmal für den Arzt Ludwig Fürst*. In: Franzensbader Blätter Heft 8/2010, S. 5

zing. Der Zeitpunkt seines Wechsels zum katholischen Christentum (wie aus der Todesanzeige hervorgeht; s. Abb. 15) ist nicht überliefert.

Abb. 15: Todesanzeige von Dr. Friedrich Boschan von 1882 (Neue Presse Wien, Nr. 6534 vom 3.11.1882)

Als um 1890 immer mehr Bäder (neben Mineralwasser auch im Moor) als Ergänzung der Trinkkuren verabreicht wurden, nannten sich die Doktoren nicht mehr Brunnenärzte, sondern Badeärzte. 1913 waren von 54 Badeärzten 25 Juden. 1931 lag der Anteil der Juden an der Bevölkerung der Stadt bei 2 %, aber bei den Medizinern betrug er 50 %. 1929 praktizierten 44 und 1936 36 Ärzte, wobei in beiden Jahren genau die Hälfte Juden waren. Nach 1936 kam noch einer hinzu, so dass bisher 49 jüdische Ärzte (einschließlich eines Zahnarztes) in Franzensbad nachgewiesen werden können, obwohl bei einzelnen die jüdische Abstammung nicht absolut sicher ist.

Antonín Pohorecky (* 1868 in Josefstadt [Josefov] bei Königgrätz [Hradec Králové] an der deutsch-tschechischen Sprachgrenze) ging nach dem Studium in Prag 1896/97 nach Berlin, Leipzig, München und Dresden. Er wurde später einer der bekanntesten Prager Gynäkologen, der ab 1906 jede Saison in Franzensbad praktizierte, zuerst im „Metropol" (Nr. 136). 1912 wurde ihm der Titel „Kaiserlicher Rat" verliehen. Er beherrschte acht Sprachen, war 1920 Mitherausgeber des Almanachs der Badeorte in der ČSR und publizierte 1924 einen tschechischen Führer durch Franzensbad[77]. 1936 stand er auch als Kardiologe und Operateur im Telefonbuch. 1925 kaufte Pohorecky das Haus „Mon plaisir" (Nr. 219). Als es 1926 zur Tschechischen Schule umgebaut wurde, praktizierte Pohorecky zunächst im „Fortuna" (Nr. 79). Im gleichen Jahr hatte das Prager „Ministerium für soziale Fürsorge" den Häuserkomplex „Großer Meister" (Nr. 7)[78] und „Sevilla" (Nr. 129) erworben und 1930 an Pohorecky weiterverkauft. Es heißt, Pohorecky sei bei einem Naziüberfall durch die Hintertür entkommen und habe sich ohne passende Kleidung zu lange im Park versteckt, so dass er einer Lungenentzündung zum Opfer gefallen sei. Er starb 70jährig Ende Dezember 1938 in Prag. Da zu dieser Zeit die ČSR-Hauptstadt noch unbesetzt war, dürfte sich die Hetzjagd wohl gleich nach dem „Anschluss" in Franzensbad zugetragen haben. Nach 1945 wurde die Straße „Morgenzeile" in „Dr. Pohoreckého" umbenannt. Vermutlich war Pohorecky einer der wenigen Juden (oder der einzige?) in Franzensbad, die sich in den Volkszählungen 1921 und 1930 zum tschechoslowakischen Volk bekannt hatten. Das erklärt auch, warum seine Erben 1945 die Franzensbader Immobilie zurückbekamen. 1948 machte die kommunistische Regierung daraus das Gewerkschaftssanatorium „Sevastopol". Heute heißt Nummer 7 Hotel „Slovan" und Nummer 129 „Kurhaus Sevilla".

8. Fazit

Die böhmischen Landjuden zeichneten sich wie alle Juden Europas durch eine starke Bevölkerungsbewegung aus. In friedlichen Zeiten gelang es, Bevölkerungsabnahmen, die durch Seuchen, Kriege oder Pogrome verursacht worden waren, durch hohe Geburtenraten relativ schnell auszugleichen. Es war also nicht die natürliche Bevölkerungsbewegung, die zum Rückgang bzw. zur Auflösung des Landjudentums führte, sondern die räumliche. Die Migrationsbereitschaft unter Juden war sehr hoch. Die Thora galt ihnen nach den Worten von Heinrich Heine als „portatives Vaterland" und ihr Gottvertrauen (Auszug aus Ägypten,

---

77 POHORECKY, Antonín: *Františkovy Lázně a okolí*. Praha 1924
78 Hier logierte 1812 Beethoven.

Babylonische Gefangenschaft etc.) auf den Weg in ein „gelobtes Land" ließ sowohl sephardische Juden im Mittelmeerraum als auch aschkenasische Juden in Mittel- und Osteuropa immer wieder neue Siedlungsräume erschließen. Ihren Entfaltungsmöglichkeiten waren aber überall enge Grenzen gesetzt, von außen, um ihre ökonomischen Aktivitäten nicht zu einer ernsthaften Konkurrenz werden zu lassen, und von innen, um in einem oft selbstgewählten Ghetto (Städtel) religiösen Ge- und Verboten leichter gerecht werden zu können.

In Böhmen war das Landjudentum stärker ausgeprägt als in den meisten Nachbarländern, in denen Juden siedeln durften. In der zweiten Hälfte des 19. Jahrhunderts setzte in Böhmen und in anderen Kronländern Österreich-Ungarns sowohl eine starke Binnenmigration (Land-Stadt-Wanderung) als auch eine organisierte globale Auswanderungswelle nach Übersee (USA) ein. Juden waren im Allgemeinen selbst dort, wo sie in der Mehrheit waren, nicht tief verwurzelt. Das liegt zum einen daran, dass überall, wohin sie kamen, Nichtjuden schon vorher da waren. So wurde „Erez Israel" zu ihrer geistigen Heimat, die sie in Thora und Talmud überall mitnehmen konnten. Selbst das Andenken an die Ahnen, deren Ruhestätten und Friedhöfe von manchen Juden als Heimat begriffen werden, nahmen sie in Totenbüchern mit, wenn sie die Gräber der Ahnen freiwillig oder gezwungenermaßen zurückließen.

Sogenannte „Push-Faktoren", die Menschen in ihrem Herkunftsgebiet abstoßen oder entmutigen, und „Pull-Faktoren", die im Zielgebiet anziehend oder verlockend wirkten, sind in der Regel der Motor jeglicher Migration weltweit. Stärkster Push-Faktor ist zweifellos die Bedrohung von Leib und Leben (durch Pogrome, Krieg), und als stärkster Pull-Faktor wirkt die Freiheit in jeglicher Hinsicht. Aber neben dem Wegwollen (Auswandern, Flucht) erlebten Juden häufiger als andere auch das Wegmüssen (Ausweisung, Vertreibungen). In Böhmen lassen sich vor der freiwilligen Rückkehr in die Städte Phasen erzwungener Ansiedlungen auf dem Land nachweisen, die fast immer einen sozialen und wirtschaftlichen Abstieg zur Folge hatten. Doch gerade Juden waren auch dann immer bestrebt, das Beste aus der Situation zu machen, ihr Schicksal in die eigenen Hände zu nehmen, anstatt sich ihm zu ergeben.

Da Juden fast nirgendwo über Jahrhunderte Wurzeln schlagen konnten, mussten die Unzufriedenheit im bisherigen Lebensumfeld und die Hoffnung auf ein besseres Los in neuer Umgebung (Attraktionseffekt) nicht besonders groß sein, um eine Wanderungsbewegung auslösen zu können. Als Angehörige einer Minderheit waren sie stärker als andere aufeinander angewiesen. So entwickelten sie effektive Netzwerke gegenseitiger Hilfe. Ein großes Maß an Mobilität war nicht nur im Erwerbs-, sondern auch im Familienleben (Heiratsmarkt) gefragt. NS-Funktionäre gaben sogar Opfern von Verschleppungen und Deportationen in Zwangsarbeits-, Konzentrations- und Vernichtungslager oder von Todesmärschen den Anschein von Migranten. Denn in amtlichen Unterlagen heißt es: „Weil sie das Reichsgebiet verlassen und ihren gewöhnlichen Aufenthalt ins Ausland verlegt haben, verlieren sie die deutsche Staatsangehörigkeit. Deshalb fällt ihr Vermögen an das Reich." Diese Sprachregelung findet man auch im Sudetenland.

Die jüdische Binnenmigration in Böhmen und der gesamten k. u. k. Monarchie führte zum Niedergang des Landjudentums und zum Aufblühen sowohl bestehender als auch neuer Israelitischer Kultusgemeinden in den Städten. Je größer die Stadt war, umso mehr Juden ließen sich dort nieder, nicht nur absolut, sondern auch relativ. Im Zeitalter der Industriellen Revolution änderten sich nicht nur ökonomische, sondern auch gesellschaftliche Verhältnisse radikal. Betrachtet man den nordwestböhmischen Raum, so fällt auf, dass Juden wegen ihres größeren Bevölkerungsdrucks unter den ersten waren, die ihre neuen Freiheiten nutzten. Als die Politik die juristischen Voraussetzungen (Religions-, Niederlassungs- und Gewerbefreiheit) geschaffen hatte, machten sie sich ohne Zögern auf den Weg. Noch in Zeiten, in denen das „Untertänigkeits- und Schutzobrigkeitsverhältnis" galt, hatten sie oft privilegierte Stellungen (etwa als Verwalter, Brennerei- oder Pottaschehüttenpächter usw.) inne, die ihren Unternehmergeist beflügelten. Mit der Bildung politischer Gemeinden auf dem Lande, also dem Ende der Grundherrschaft, brachen diese Privilegien weg.

Fliegende Händler, die in der Saison in den Kurorten Geschäfte machten, bevor sie sich dort dauerhaft ansiedeln durften, sind ein besonderes Merkmal jüdischer Migration im böhmischen Bäderdreieck. Die räumliche Entfernung zwischen Wohnen und Arbeiten schrumpfte oder wurde ganz aufgehoben. Landjudengemeinden wurden von den neuen Israelitischen Kultusgemeinden der Badeorte regelrecht „aufgesaugt". Wegen des nicht unbedeutenden jüdischen Anteils unter den Kurgästen musste auch eine attraktive religiöse Infrastruktur (Synagogen, Friedhöfe, koschere Kurhäuser und Gastronomie) geschaffen werden. So bildeten sich dort mehr oder weniger Parallelgesellschaften heraus, wo Juden Dienstleistungen von Juden und Christen von Christen in Anspruch nahmen. Bei Arbeits- und Absatzmöglichkeiten, Angeboten für Bildung, Gesundheit, Kultur und Freizeit spielte der Unterschied eine immer geringere oder gar keine Rolle.

Zwar bewirkten neue Technologien, wie die Papierproduktion aus Holzfasern oder der zunehmende Einsatz von Baumwolle einen raschen Niedergang von vielen traditionell jüdischen Erwerbszweigen (Lumpensammeln, Schafwollhandel), sie ermöglichten aber auch jüdischen Fabrikanten (z. B. Moser-Glas, Rosenthal-Porzellan, Handschuhen von „Max Eisenschiml & Co." und „Heller & Askonas" aus Asch, Textilunternehmer in Graslitz [Abb. 16]) einen rasanten Aufstieg in eine Wirtschaftselite, in der ihr Judentum kaum noch eine Rolle spielte. Juden ergriffen oft schneller als andere Chancen, ins Bildungsbürgertum aufzusteigen. Aber selbst die Konversion zum Christentum, die einigen wenigen sogar den Aufstieg in den Adelsstand eröffnete, brachte ihnen keine 100 %ige gesellschaftliche Anerkennung in der Gesamtbevölkerung. Im Gegensatz zu Beschäftigten des Produzierenden Gewerbes war ihr Anteil unter Juristen und Medizinern sowie Künstlern und Kulturschaffenden überdurchschnittlich hoch. Dies galt auch für Franzensbad bis 1938. Zionistische Auswanderungswellen hätten ohne Schoa (Holocaust) weit weniger Zulauf gehabt und lebendiges jüdisches Leben wäre heute in Böhmen häufiger anzutreffen, als es leider der Fall ist. JUDr. Richard Schindler (1916–2008) ist einer der wenigen Egerländer Juden, der nach dem Krieg aus Israel in die alte Heimat (Petschau) zurückkehrte, während sein christlicher Namensvetter (Schindlers Liste) den umgekehrten Weg ging.

Abb. 16: Gedenktafel für das Gebetshaus der Gemeinde „Adass Israell" in Graslitz, Teil der IKG Falkenau (Aufnahme: W. Pöllmann 2014)

Quellen und Literaturhinweise:

Adressbücher Franzensbad 1908, 1931, 1935

ALBERTI, Karl: Beiträge zur Geschichte der Stadt Asch und des Ascher Bezirks. Bd. III. Asch 1937

Autorenkollektiv: *Festschrift zum 100. Jubiläum von Franzensbad.* Selbstverlag des Bürgermeisteramtes, Franzensbad 1893

Autorenkollektiv: *Franzensbad. Verlag der Kurverwaltung.* Franzensbad 1902

Autorenkollektiv: *Terezínská pamětní kniha.* Praha 1995

Autorenkollektiv: *Theresienstädter Gedenkbuch.* Prag 2000

BIERMANN, John: *Odyssee.* Berlin 1985

BOHÁČ, Jaromír: *Denkmal für den Arzt Ludwig Fürst.* In: Franzensbader Blätter, Heft 8/2010, S. 5

BOSCHAN, Friedrich: *Die salinischen Eisenmoorbäder zu Franzensbad und ihre Heilwirkungen.* Wien 1850

Egerer Zeitung (Eger) vom 22. September 1938

FIEDLER, Jiří: *Židovská obec Lomnička a americký rabín Isak Mayer Wise.* In: Sborník Chebského muzea, Cheb 2001

GOLD, Hugo (Hrsg.): *Die Juden und Judengemeinden Böhmens in Vergangenheit und Gegenwart.* Brünn-Prag 1934

HEIDL, Anton: *Gedenkbuch der Gemeinde Steingrub.* Gemeindeamt Steingrub 1931

JOHN, Alois: *Franzensbad.* Bd. II. Franzensbad 1925

JOHN, Alois: *Häusergeschichte (Nr. 1 bis 230) von Franzensbad.* Handschriftl. Manuskript, Januar 1929 mit einzelnen späteren Nachträgen. Muzeum Františkovy Lázně

JOHN, Alois: *Einwohnerbuch Franzensbads.* Franzensbad ca. 1925/30. Unveröffentl. Manuskript, Stadtmuseum Františkovy Lázně

KÖHLER, Johann/WÖHRER, Wilhelm u. a.: *Pfarrchronik von Fleißen und Schnecken 1898–1949.* Eichstätt 1992

Kurverwaltung Franzensbad: *Franzensbad in Böhmen.* Franzensbad ca. 1913

POHORECKY, Antonín: *Františkovy Lázně a okolí.* Praha 1924

PRÖKL, Vinzenz: *Eger und das Egerland. Historisch, statistisch und topographisch dargestellt.* 2 Bände. Bd. 1 (S. 276–279: Juden in Eger). C. W. Medau Komp., Prag und Eger 1845. (Zweite neu umgearbeitete, bedeutend vermehrte und verbesserte Auflage nebst einer vollständigen Darstellung von Herzog Waldstein's letzten Lebensjahren und Tod in Eger. Falkenau an der Eger 1877)

PRÖKL, Vinzenz: *Ortschronik von Franzensbad.* Handschriftl. Manuskript bis 1880 mit Nachträgen anderer Autoren bis 1894. Muzeum Františkovy Lázně

SCHREINER, Lorenz (Hrsg.): *Heimatbuch des Kreises Eger.* Amberg 1981

SOMMER, Johann Gottfried: *Königreich Böhmen.* 6. Bd. Pilsner Kreis; 15. Bd. Elbogner Kreis. Prag 1838/47

STELZNER, Friedrich: *Lebenswellen, Lebenswogen eines Chirurgen.* Bonn 1998

UHL, Karl: *Juden in Haslau.* Haslauer Heimatbrief, Folge 78. Dettelbach 2003

WILKOWITSCH, Armin: *Die galizischen Kriegsflüchtlinge im Egerer Bezirke.* In: Egerländer Jahrbuch 46, S. 153–165. Eger 1916

WLASCHEK, Rudolf M.: *Juden in Böhmen.* München 1990

Blanka Soukupová

Jüdische Spuren in der Grenzregion der Böhmischen Länder nach dem Zweiten Weltkrieg

1. Einleitung

Eine historische Epoche drückt jeder Landschaft ihren Stempel auf, sei es eine Natur- oder eine Siedlungslandschaft. Neben ihrer Historizität hat jede Landschaft aber auch ihren eigenen mythischen, poetischen und narrativen Wert, ihre eigene Geistigkeit und emotionale Ladung. Einige Soziologen und Geologen leiten von ihrem Charakter gar das Naturell der Menschen ab, die in ihr leben.[79] Man kann das Thema Landschaft aber auch mit dem Thema Zuhause oder Heimat verbinden. Oder anders gesagt: Jede Gruppenreflexion bildet sich in einem bestimmten Raum.

Kaum eine andere mitteleuropäische Landschaft war im vergangenen Jahrhundert freilich so vielen ungünstigen Umstürzen ausgesetzt wie die kontrastreiche hügelige und bergige Grenzregion der böhmischen Länder, in der bis zum Ende der Ersten Tschechoslowakischen Republik eine deutsche Mehrheit mit einer tschechischen und jüdischen Minderheit zusammenlebte. In dem für seinen mannigfaltigen Kurbetrieb berühmten Westböhmen und im industriell hochentwickelten Nordböhmen wurde ihr – in moderner Zeit häufig unruhiges – Zusammenleben durch die Folgen der Machtergreifung Adolf Hitlers (1933) zerrüttet. Im wirtschaftlich armen Süden der böhmischen Länder ging die deutsche Gesellschaft ein paar Jahre später dazu über, sich gegen Tschechen und Juden feindlich abzusetzen. Schon im Sommer 1938 aber wurden die Juden in einigen Grenzstädten und -dörfern gezwungen, ihr Zuhause zu verlassen.[80]

---

79 vgl. z. B. die Bücher *Národní povaha* česká (1907) und *Jihočechové* (1943) des Soziologen Emanuel CHALUPNÝ oder die essayistischen Skizzen *Dialog s českou zemí* (2002, S. 50) von Willi LORENZ, einem österreichischen Juristen, Historiker und Publizisten.

80 Im August 1938 veröffentlichte die Jüdische Religionsgemeinde in Prag ein Memorandum gegen die Verfolgung der Juden in der Grenzregion. MÍŠKOVÁ, Alena: Židé v Sudetech. Od Schönera ke genocidě. Roš chodeš März 1998, S. 9.

Die zweite Flüchtlingswelle war dann Folge des Münchner Abkommens (30. September 1938) und die Abtretung der Grenzgebiete der böhmischen Länder an Nazi-Deutschland und Polen, das im Oktober 1938 das Teschener Schlesien besetzte. Auf dem vom Deutschen Reich besetzten Gebiet entstand der Reichsgau Sudetenland.[81]

Tschechen, Juden[82] und demokratisch gesinnte Deutsche, die ihr Zuhause im Grenzgebiet – häufig überstürzt – verlassen mussten, übertrugen in ihren Erinnerungen das Bild „ihrer" Landschaft mit ihren Elementen, Objekten, Orten von spiritueller Bedeutung und Kulturdominanten[83] freilich in das relativ sicherere Binnenland der böhmischen Länder. Ihre virtuellen Landschaften wurden so auf gewaltsame Weise (und häufig bereits definitiv) von dem real existierenden Ort abgetrennt, der begann, sich ohne Zutun eines Teils seiner ehemaligen Bewohner zu verändern.[84] Die verlorenen Räume wurden in den Erinnerungen von Emotionen umschlossen, idealisiert und leider auch oft ihrer Dynamik beraubt. Bittersüße Erinnerungen ließen die Zeit stillstehen, mentale Raumkarten der Flüchtlinge verloren ihre Dynamik, im Gedächtnis der Menschen wurde die Gestalt der Landschaften aus der Zeit der Ersten Tschechoslowakischen Republik, gegebenenfalls aus der österreichisch-ungarischen Epoche, abgespeichert.

---

81 Zum Prozess seiner Entstehung vgl. GEBHART, Jan/KUKLÍK, Jan: *Druhá republika 1938–1939. Svár demokracie a totality v politickém, společenském a kulturním* životě. Praha, Litomyšl 2004, S. 27–36.
82 Im Reichgau Sudetenland galten fortan die Nürnberger Gesetze. Juden wurden gezwungen, das Reichsgebiet zu verlassen, gegebenenfalls wurden sie gewaltsam vertrieben, ihr Eigentum wurde arisiert. Zur mehr oder weniger vollständigen Vertreibung der Juden kam es dann nach der sog. Kristallnacht (vom 9. auf den 10. November 1938). GEBHART, J./KUKLÍK, J.: *Druhá republika 1938–1939*, S. 32–33.
83 Diese Definition von Landschaft findet man im Werk Jiří Kupkas. KUPKA, Jiří: *Krajiny kulturní a historické*. Prag 2010, S. 52.
84 Nach Ansicht des Geologen Václav Cílek hat eine Landschaft ein doppeltes Gedächtnis: ein natürliches (die Fähigkeit zur Regenerierung) und ein kulturelles (die Fähigkeit, so etwas zu evozieren wie alte Geschichte, Märchen, Emotionen …). CÍLEK, Václav: *Dýchat s ptáky*. Praha 2008, S. 82. Der britische Historiker und Kunsthistoriker Simon Schama konnte nachweisen, dass eine Landschaft vor allem ein kulturelles Phänomen darstellt. SCHAMA, Simon: *Landscape and Memory*. New York 1995, S. 61.

2. Die Zerstörung der jüdischen Landschaften kurz vor dem Krieg und im Krieg

Die jüdischen Landschaften im Reichsgau Sudetenland wurden bereits in der Zeit zwischen dem Münchner Abkommen und der Okkupation des Rests der Tschechoslowakei durch Hitlers Armee mit der Ausrufung des Protektorats Böhmen und Mähren (15. und 16. März 1939) von einer ersten Zerstörungswelle heimgesucht. Ehemals jüdische Häuser wurden von neuen Mietern bezogen, 44 Synagogen wurden bereits in der sog. Kristallnacht zerstört, z. B. die Synagogen in Mariánské Lázně (Marienbad), Cheb (Eger) Most (Brüx), Teplice (Teplitz) und Litoměřice (Leitmeritz),[85] einige weitere in den darauffolgenden Monaten, z. B. in Zábřeh (Hohenstadt)[86], andere wurden in unwürdiger Weise genutzt, z. B. als Ställe. Ein ähnliches Schicksal erlitten häufig auch die jüdischen Friedhöfe. Zerstört wurden die Friedhöfe in Mariánské Lázně (Marienbad), in Chodová Planá (Kuttenplan), in Drmoul (Dürrmaul) und in Lázně Kynžvart (Bad Königswart), deren Stelen und Grabsteine verkauft, gegebenenfalls nach und nach gestohlen und zum Pflastern von Stadtplätzen, Wirtschaftsgebäuden, als Deckel für Jauchegruben und ähnliches verwendet wurden.[87] Während des Krieges wurden ebenfalls zerstört der Friedhof in Údlice (Eidlitz) bei Komotau (Chomutov) (der alte Friedhof aus dem 16. Jahrhundert wurde 1941 zerstört, wobei

---

85 Markéta Lhotová, Ethnografin im Nordböhmischen Museum in Liberec (Reichenberg), äußerte die Vermutung, dass die Synagogen im Reichsgau Sudetenland im Vergleich zu Deutschland mit einer Verzögerung von einem halben oder einem ganzen Tag zerstört wurden. Dies war auch das Schicksal der in den Jahren 1887–1889 errichteten Synagoge in Liberec (Reichenberg). LHOTOVÁ, Markéta: *Carl König a liberecká synagoga*. Fontes Nissae/Prameny Nisy XI, 2010, S. 113. Und in der Tat: z. B. die Synagoge in Vimperk (Winterberg) aus dem Jahr 1926 wurde am 10. November 1938 niedergebrannt. PODLEŠÁK, Jaroslav: *Synagoga ve Čkyni. Zamyšlení nad židovským duchovním dědictvím v jižních Čechách*. Čkyně 2006, S. 7; Židovské památky na Prachaticku a Strakonicku. In: *Naše dny se naplnily*. České Budějovice 2002, S. 175.
86 KLENOVSKÝ, Jaroslav: Židovské *památky Moravy a Slezska*. In: *Židovská Morava*. *Židovské Brno*. Brno 2000, S. 52.
87 Die Historiker Gebhart und Kuklík schrieben, dass 63 Friedhöfe verwüstet wurden. GEBHART, J./KUKLÍK, J.: *Druhá republika 1938–1939*, S. 33. Der Historiker Arno Pařík konstatierte 1991, dass von der vandalistischen Zerstörung rund 30 Friedhöfe in den böhmischen Ländern betroffen waren, überwiegend im Reichsgau Sudetenland, weitere 40 Friedhöfe wurden bis Kriegsende Opfer einer programmmäßigen Verödung. PAŘÍK, Arno: *Zahrady života* . In: EHL, Petr/PAŘÍK, Arno/FIEDLER, Jiří: *Staré židovské hřbitovy Čech a Moravy*. Prag 1991, S. 19.

die Grabsteine auch hier als Pflaster benutzt wurden, das gleiche Schicksal ereilte auch den neuen Friedhof aus dem Jahr 1864[88]),[89] der Friedhof in Bečov nad Teplou (Petschau an der Tepl) (der alte Friedhof war vor 1662 angelegt worden, verwüstet wurde er 1943)[90], der Friedhof in Teplice (Teplitz) (aus dem Jahr 1669[91])[92], in Úštěk (Auscha) (aus dem 15. oder 16. Jahrhundert)[93] und der in Česká Lípa (Böhmisch Leipa) (angelegt vor 1575[94])[95]. In den Jahren 1942–1943 liquidierten die Nazis auch den Friedhof in Hlučín (Hlutschin) (angelegt im Jahr 1814[96]). Seine Grabsteine dienten ihnen zum Pflastern eines Entwässerungskanals und als Füllmasse für die Fundamente von Familienhäusern.[97] Nur einige wenige Friedhöfe wurden infolge militärischer Kämpfe und Bombardierungen zerstört oder schwer beschädigt, z. B. die Friedhöfe in Cheb (Eger)[98] und Osob-

---

88 Zu den Údlicer Friedhöfen vgl. ROZKOŠNÁ, Blanka/JAKUBEC, Pavel: Židovské *památky* Čech. *Historie a památky židovského osídlení* Čech. Brno 2004, S. 399–400.
89 FIEDLER, Jiří : *Z historie* VŽNO. Věstník (Anzeigeblatt) (1945–1951 die Abkürzung für Věstník Židovské náboženské obce v Praze (Anzeigeblatt der Jüdischen Religionsgemeinde in Prag), 1952–1989 Věstník židovských náboženských obcí v Československu (Anzeigeblatt der Jüdischen Religionsgemeinden in der Tschechoslowakei), Juni 1983, S. 4.
90 ROZKOŠNÁ, B./JAKUBEC, P. : Židovské *památky* Čech, S. 75. Zum kriegsbedingten Schicksal des Friedhofs auch PĚKNÝ, Tomáš : *Historie Židů v Čechách a na Moravě.* Praha 2001, S. 591. Wir fügen hinzu, dass der Friedhof 1980 definitiv liquidiert wurde. Ebendort. Des Weiteren vgl. VLADAŘOVÁ, Petra: Židovský *hřbitov v Bečově nad Teplou.* (Jáchymov) 2012.
91 ROZKOŠNÁ, B./JAKUBEC, P.: Židovské *památky* Čech, S. 386.
92 Die Grabsteine des Friedhofs zwischen den Straßen Jungmannova und Chelčického wurden zur Reparatur von Straßen und Kanalisationsleitungen verwendet. KOCOUREK, Lubomír: Židovské *hřbitovy v severozápadních* Čechách (*Jüdische Friedhöfe in Nordwestböhmen*). In: HAMÁČKOVÁ, Vlastimila/HANKOVÁ, Monika/LHOTOVÁ, Markéta: Židé v Čechách *2.* Praha 2009, S. 145. Metallgegenstände wurden schon 1940 fortgetragen. Ebendort, S. 146. Des Weiteren siehe PĚKNÝ, T.: *Historie Židů v Čechách a na Moravě*, S. 591.
93 Der Friedhof wurde nach 1940 verwüstet. KOCOUREK, L.: Židovské *hřbitovy v severozápadních* Čechách (*Jüdische Friedhöfe in Nordwestböhmen*), S. 139.
94 ROZKOŠNÁ, B./JAKUBEC, P.: Židovské *památky* Čech, S. 101.
95 PĚKNÝ, T.: *Historie Židů v Čechách a na Moravě*, S. 591.
96 KLENOVSKÝ, Jaroslav: *Obnova židovského hřbitova v Hlučíně* (*Die Erneuerung des jüdischen Friedhofs in Hlučín*). In: PÁLKA, Petr: Židé a Morava XVI. Kroměříž 2010, S. 217.
97 Ebendort, S. 218. An der Stelle des Friedhofs entstand im Frühjahr 1946 eine pietätvoll gestaltete Begräbnisstätte für Soldaten und Offiziere der Roten Armee. Ebendort.
98 Der Friedhof stammte aus der Mitte des 19. Jahrhunderts (Pěkný gibt das Jahr 1872 an (PĚKNÝ, T.: *Historie Židů v Čechách a na Moravě*, S. 8). Rozkošná, Expertin für regionale jüdische Geschichte, und Jakubec, Archivar, geben das Jahr 1874 an (ROZKOŠNÁ, B./JAKUBEC, P.: Židovské *památky* Čech, S. 165), laut Anzeigeblatt wurde er 1944 vernichtet (HUDLICKÝ, Petr: *Odhalení památníku v Chebu.* Věstník (Anzeigeblatt) Nr. 10 1969, S. 5).

laha (Hotzenplotz) im Kreis Bruntál (Freudenthal).[99] Jene, die sich mit den Friedhöfen und Synagogen identifizierten,[100] „verschwanden" im Zweiten Weltkrieg in Konzentrationslagern.[101] Der Genius loci der Landschaften der Grenzregion, den Václav Cílek als *„eine der stärksten Essenzen der Landschaft"* bezeichnete,[102] wurde auf diese Weise gewaltsam herausgebrochen.

3. Die Suche nach jüdischen Spuren in der Grenzregion der Böhmischen Länder nach der Heimkehr der Juden und die Idee der Erneuerung des jüdischen Geistes dieser Region

Die wenigen Juden, denen das bedrückende, ja unerträgliche Privileg zuteilwurde, überlebt zu haben, sahen sich nach ihrer Heimkehr in die Grenzregion nicht nur mit dem tragischen Schicksal ihrer Familien, sondern auch mit der Verwüstung der jüdischen Denkmäler konfrontiert. Walter Löbner, Arzt in Mariánské Lázně (Marienbad), war über deren Verfall in Stadt und Umgebung noch

---

Rozkošná und Jakubec zufolge wurde der Friedhof im November 1938 schwer beschädigt, während des Krieges wurde der freie Teil in eine Gärtnerei umgewandelt, und 1945 wurde er durch eine Bombardierung schwer getroffen. 1948 wurde er aufgehoben, und teilweise schossen hier nun Garagen aus dem Boden. ROZKOŠNÁ, B./JAKUBEC, P.: Židovské *památky* Čech, S. 165. Als Neuestes auch CHMELÍKOVÁ MLSOVÁ, Jitka: *Jediná připomínka. Osud židovského hřbitova v Chebu.* Roš chodeš, November 2011, S. 16. Während des Kriegs wurden auch die beiden Cheber (Egerer) Synagogen (aus den Jahren 1869 und 1892) zerstört. PĚKNÝ, T.: *Historie Židů v Čechách a na Moravě*, S. 408.

99 FIEDLER, Jiří: *Přehled* (Übersicht). In: EHL, Petr/PAŘÍK, Arno/FIEDLER, Jiří: *Staré židovské hřbitovy Čech a Moravy.* Praha 1991, S. 164. Der Friedhof stammte wahrscheinlich aus der ersten Hälfte des 15. Jahrhunderts, obwohl auch Spekulationen auftauchen, die seine Gründung sogar in das zwölfte Jahrhundert legen. Das Ghetto in Osoblaha (Hotzenplotz) wurde beim Frontdurchgang 1945 zerstört. PĚKNÝ, T.: *Historie* Židů v Čechách *a na Moravě*, S. 414.

100 Der Philosoph Martin Heidegger glaubte, dass der Ort, der eine emotionale Bindung evoziert, Heimat ist. SCHOLZ, Milan: *Prostor a dějiny.* In: KLUSÁKOVÁ, Luďa/SCHOLZ, Milan: *Pojetí prostoru v historické perspektivě.* Praha 2012, S. 21.

101 Nach dem Krieg wurden die Gemeinden in Jablonec nad Nisou (Gablonz an der Neiße), Karlovy Vary (Karlsbad), Mariánské Lázně (Marienbad), Most (Brüx), Teplice-Šanov (Teplitz-Schönau) und Trutnov (Trautenau) erneuert. Nach Mikulov (Nikolsburg) beispielsweise kehrten nur 34 von insgesamt 472 Personen zurück. SOUKUPOVÁ, Blanka : *Židé v českých zemích po šoa. Identita poraněné paměti.* Bratislava 2016, S. 25, S. 26. Die Gemeinde in Liberec (Reichenberg) hatte nach dem Krieg 1.107 Mitglieder, in Karlovy Vary (Karlsbad) 971, in Děčín (Tetschen) und Podmokly (Bodenbach) 600. PĚKNÝ, T.: *Historie Židů v Čechách a na Moravě,* S. 657.

102 CÍLEK, Václav: *Makom. Kniha míst.* Praha 2009, S. 10.

mehr erschüttert als über die Katastrophe, die während des Zweiten Weltkriegs über seine Familie hereingebrochen war. Der Zerstörung der jüdischen Denkmäler beschuldigte er seine Nachbarn, ortsansässige Sudetendeutsche: *„Als im Sommer 1945 die paar Juden, die die Schrecken der Vernichtung überlebt hatten, nach Marienbad zurückkehrten, fanden sie hier ihren Tempel des Herrn niedergebrannt und die Friedhöfe in Stadt und Umgebung pietätlos verwüstet vor. Die Grabsteine waren zu den verschiedensten Bauzwecken verwendet worden, sogar zum Pflastern von Gehwegen. Obwohl ich in den sechs Jahren, die ich in deutschen Konzentrationslagern verbrachte, am eigenen Leibe unvorstellbare Gräuel, Bestialität und Leiden erfahren musste, und obwohl ich nach einer glücklichen und freudvollen Rückkehr in die Heimat unaussprechbaren Kummer über die völlige Auslöschung meiner ganzen Familie empfand, berührte meine Seele doch nichts so tief wie der Anblick der jüdischen Friedhöfe und Gotteshäuser in der Umgebung von Mariánské Lázně (Marienbad). Die wunderschöne Synagoge an der Marienbader Hauptstraße*[103]*, deren Architektur und Innenausstattung auch den verstocktesten Sünder zu einer reuevollen Frömmigkeit bewogen hätte, steht nicht mehr. Blinder Hass trieb die Nazis dazu, diese wunderschöne Synagoge niederzubrennen … Der idyllische, im Wald gelegene Friedhof wurde dem Erdboden gleichgemacht.*[104] *Die Wehrmauersteine wurden für sonstige Bauten verwendet, Marmorgrabsteine wurden zerschlagen und weggebracht, Gräber wurden geöffnet, die Kapelle niedergebrannt. Das Grab des großen Philosophen Theodor Lessing, der 1933 von einem nazistischen Meuchelmörder ermordet wurde und sozusagen in meinen Armen verstarb, ist furchtbar verwüstet. Man findet es nur dank seiner ganz besonderen Form. Aus der alten Synagoge in Chodová Planá (Kuttenplan) ist ein Stall geworden*[105]*, auf dem neuen Friedhof wurden alle Denkmäler umgestürzt und zertrümmert, die Gräber wurden geschändet, die Kapelle be-*

---

103 Die Synagoge an der Hauptstraße im neubyzantinischen Stil wurde am 1. August 1884 feierlich eröffnet. Niedergebrannt wurde sie dann auf Geheiß von SS und SA in der sog. Kristallnacht. ŠVANDRLÍK, Richard: *Historie Židů v Mariánských Lázních.* Mariánské Lázně (2009), S. 14, S. 33. Siehe auch ROZKOŠNÁ, B./JAKUBEC, P.: *Židovské památky* Čech, S. 242.
104 Der Friedhof (gegr. 1875) wurde zum gleichen Zeitpunkt wie die Synagoge zerstört. Während des Zweiten Weltkrieges wurden seine Grabsteine und Stelen dann nach den Worten von Ingenieur Richard Švandrlík verscherbelt. ŠVANDRLÍK, R.: *Historie Židů v Mariánských Lázních*, S. 34. Rozkošná und Jakubec führten an, dass auch der Zeremoniensaal abgerissen wurde. Nach dem Krieg wurde der Friedhof repariert. ROZKOŠNÁ, B./JAKUBEC,P.: Židovské *památky* Čech, S. 242.
105 Die Barocksynagoge stammte aus den Jahren 1757–1759. Aufgegeben wurde sie 1938, abgerissen 1962. ŠVANDRLÍK, R.: *Historie Židů v Mariánských Lázních*, S. 68. Rozkošná

schädigt[106]. *Einer der romantischsten jüdischen Friedhöfe befand sich im Schlosspark in Chodová Planá (Kuttenplan)*[107] ... *er wurde geschändet. Auch der Waldfriedhof in Drmoul (Dürrmaul)*[108], *wo eine der ältesten jüdischen Gemeinden Böhmens lebte, wurde zerstört. Gehen wir durch die Straßen von Lázně Kynžvart (Bad Königswart), schreiten wir über die Grabsteine eines jüdischen Friedhofs, die zum Pflastern benutzt wurden*[109]. *Es ist interessant, dass ich auf den Märschen durch Deutschland, getrieben von den Barbaren, vielerorts unversehrte jüdische Friedhöfe, manchmal sogar unter dem Schutz und in der Pflege der dortigen Stadtverwaltungen, sah. Die Schändung von Synagogen und jüdischen Friedhöfen geht mithin in vielen Fällen auf das Konto der hiesigen Sudetendeutschen.*"[110] Von ähnlichen Gefühlen wie Löbner wissen auch viele andere Heimkehrer zu berichten, die sich darin einig sind, dass die Reparatur jüdischer Friedhöfe nach dem Krieg nur von wenigen gewollt werden würde.[111] Denn es waren eben die Friedhöfe, die nach dem Zweiten Weltkrieg zum wichtigsten Symbol der Vernichtung wurden; als ob nicht nur die Gegenwart und zusammen mit dieser auch die Zukunft der Juden in diesem Landstrich, aber auch die gesamte Vergangenheit vernichtet werden sollte, ohne die freilich nach traditionellem jüdischen Denken eine würdige Existenz nicht möglich ist. Gleichzeitig wandelten sich die Friedhöfe auch zu einem gewissen Symbol der Hoffnung. Falls es uns gelingt, wenigstens etwas aus unserer

---

und Jakubec datieren deren Abriss nach dem Jahr 1960. ROZKOŠNÁ, B./JAKUBEC, P.: Židovské *památky* Čech, S. 168.

106 Der neue jüdische Friedhof wurde 1890 angelegt. ŠVANDRLÍK, R.: *Historie* Židů v *Mariánských Lázních*, S. 70. Der Zeremoniensaal wurde nach 1950 abgerissen. ROZKOŠNÁ, B./JAKUBEC, P.: Židovské *památky* Čech, S. 169.

107 Der Friedhof stammte wahrscheinlich aus dem 16. oder 17. Jahrhundert. ŠVANDRLÍK, R.: *Historie* Židů v *Mariánských Lázních*, S. 69–70. Siehe auch ROZKOŠNÁ, B./JAKUBEC, P.: Židovské *památky* Čech, S. 168–169.

108 Die ältesten Grabsteine auf dem jüdischen Friedhof auf dem Panský vrch stammen vom Ende des 17. Jahrhunderts. ŠVANDRLÍK, R.: *Historie* Židů v *Mariánských Lázních*, S. 60. Rozkošná und Jakubec datieren die Entstehung des Friedhofs aufgrund schriftlicher Quellen auf das Jahr 1676. ROZKOŠNÁ, B./JAKUBEC, P.: Židovské *památky* Čech, S. 128.

109 Der mittelalterliche Friedhof wurde in der sog. Kristallnacht verwüstet. 1944 erfolgte seine Liquidierung durch die deutsche Wehrmacht. Die Grabsteine wurden, wie schon Löbner berichtete, zum Pflastern des Stadtplatzes in Lázně Kynžvart (Bad Königswart) verwendet. ŠVANDRLÍK, R.: *Historie* Židů v *Mariánských Lázních*, S. 78–79. Nach 1947 wurde ein Teil der Pflasterung laut Rozkošná und Jakubec wieder herausgerissen. Am Ende aber wurde die Pflasterung dann doch für Baumaterial zertrümmert. ROZKOŠNÁ, B./JAKUBEC, P.: Židovské *památky* Čech, S. 216.

110 ŠVANDRLÍK, R.: *Historie* Židů v *Mariánských Lázních*, S. 54, zum Friedhof S. 12–13.

111 Věstník (Anzeigeblatt) 15.11.1946, S. 122.

Vergangenheit zu retten (jüdische Denkmäler wurden als das häufig Einzige verstanden, das die tausendjährige jüdische Anwesenheit auf dem Gebiet der böhmischen Länder noch bezeugte), erhält auch unsere Zukunft in diesem Raum ihre neue Gestalt. Anders ausgedrückt: Die katastrophal zerrütteten und verwundeten jüdischen Landschaften bargen 1945 in sich paradoxerweise das Potenzial einer Heilung. Für ihre wie auch immer geartete Erneuerung mussten mehrere Generationen veranschlagt werden, wobei eine ungestörte weitere Entwicklung der Minderheit vorauszusetzen war. Jüdische Friedhöfe (und in ähnlicher Weise auch Synagogen) waren also nicht nur ein Symbol und Synonym für den Untergang, sondern auch Symbol und Synonym für eine Erneuerung des jüdischen Lebens in den böhmischen Ländern, für die Verheilung der Risse in den Landschaften der Grenzregion, aber auch für die Wiedereingliederung der jüdischen Minderheit in den gewaltsam enteigneten Platz im Gedächtnis der Mehrheit.

4. Probleme einer Rekonstruktion jüdischer Spuren in der Grenzregion nach dem Zweiten Weltkrieg

Versuche, die gewaltsamen Schnitte in die Landschaften der Grenzregion der böhmischen Länder nach dem Zweiten Weltkrieg zu heilen, stießen von Anfang an auf eine ganze Reihe von Problemen. Zu einer der Schlüsselaufgaben der wiederherzustellenden jüdischen Gemeinden wurde die Restitution bzw. Rückgabe des Eigentums. Die aber gelang nur dann, wenn das Eigentum in der Zeit des Protektorats nicht vom Auswandererfonds für Böhmen und Mähren, dem Träger des Eigentums der Zentrale für jüdische Auswanderungen,[112] auf Dritte, vor allem auf Städte, übergegangen war. Verkompliziert wurde die Situation der jüdischen Friedhöfe freilich durch die Tatsache, dass es nach der Shoa nur wenige Subjekte gab, die sich um die Friedhöfe hätten kümmern können. Die jüdischen Begräbnisbrüderschaften wurden entweder nicht erneuert (ihre Mitglieder als orthodoxe Juden, denen unbedingt an einer rituellen Ernährung gelegen war und die sich aufgrund ihres äußeren Erscheinungsbildes unterschieden, gehörten zu den ersten Opfern der nazistischen Rassenpolitik[113]), oder sie hatte mit einer geringen Mitgliederzahl zu kämpfen. Den Erwerb des Eigentums der Bruder-

---

112 PETRŮV, H.elena: *Právní postavení* židů v *Protektorátu* Čechy *a Morava (1939–1941).* Praha 2000, S. 107.
113 1945 konstatierte der Rat: „*Besonders jedoch entluden die Nazis ihre Mordhysterie an den religiösen Repräsentanten und insbesondere an den Rabbinern.*" Národní archiv (Nationalarchiv)

schaften (insbesondere der Friedhöfe) strebten daher die jüdischen Gemeinden an.[114] Man argumentierte nun damit, dass die Gemeinden erst aufgrund des Gesetzes Nr. 57/1890, RGBl., über die äußeren Rechtsbeziehungen der jüdischen Religionsgemeinschaft, zu juristischen Personen geworden waren. Vor dem Erlass dieses Gesetzes existierten an einem Ort mit jüdischer Besiedelung Begräbnisbrüderschaften. Der Liquidations-Währungsfonds war nicht daran interessiert, dass ihm Friedhöfe und Leichenhallen als sog. Heimfall zufielen, da die Kosten für deren Instandhaltung ihren Wert überschritten.[115] Die Bereitschaft der staatlichen Organe zur Restitution von Friedhöfen, die sich oft in einem katastrophalen Zustand befanden, war somit zumeist vor allem eine Folge pragmatischer Überlegungen. Anders war die Situation bei den Synagogen, Gebetshäusern, Unternehmen und Häusern. Groß war jedoch auch die Zahl der Synagogen, um die sich die Gemeinden infolge ihres Mitgliederschwunds nicht kümmern konnten, sodass man dazu überging, sie zu verkaufen. Viele jüdische Denkmäler in der Grenzregion wurden zudem auch noch nach dem Zweiten Weltkrieg Opfer von Vandalismus. Häufig überdauerten auch zum Himmel schreiende Fälle aus der Zeit der Okkupation. Es scheint, dass in der tschechischen Gesellschaft immer noch der Protektorats-Antisemitismus und allgemein auch eine Entwertung der Werte nachhallten. Im Januar 1948 veröffentlichte das Anzeigeblatt [Věstník] der Jüdischen Religionsgemeinde in Prag eine Reihe von Fällen, in denen jüdisches Eigentum erst in der Nachkriegszeit zerstört worden war. In der Grenzregion wurde in der Nacht vom 25. auf den 26. September 1947 ein jüdisches Gebetshaus in Ústí nad Labem (Aussig) niedergerissen. Zudem kam es zur Verwüstung von Friedhöfen und Synagogen in Karlovy Vary (Karlsbad), Mariánské Lázně (Marienbad), Lázně Kynžvart (Bad Königswart), Šumperk (Mährisch Schönberg), Trutnov (Trautenau) und Ústí nad Labem (Aussig).[116] Alarmierend war, so das Anzeigeblatt, freilich vor allem, dass es sich in der Regel um Aktionen einer Jugend handelte, die ihren moralischen Kompass verloren hatte. Aus diesem Grund wandte sich das Anzeigeblatt denn auch an das Schul-

(weiter NA), Ministerstvo školství (Schulministerium) (weiter MŠ), 47/VIII, Karton-Nr. 56, dat. Kolín (Kolin), den 5 August 1945.
114 NA, Státní úřad pro věci církevní [Staatsbehörde für kirchliche Angelegenheiten] (weiter SÚC), Církve (Kirchen): ŽNO 1949–1953, Církev židovská (jüdische Kirche), 1949, Karton-Nr. 119, dat. Prag, den 4. XI. 1949.
115 Ebendort.
116 Dr. Iltis (ILTIS, Rudolf): *Středověk trvá i dnes?* (*Währt das Mittelalter auch heute?*) Věstník (Anzeigeblatt) 23.1.1948, S. 37, Zitat aus dem Periodikum Dnešek vom 8. Januar 1947.

und Kulturministerium mit der Bitte, für Grund- und Mittelschulen ein Rundschreiben zu verfassen, das die Kantoren dazu verpflichtete, die Verwüstung von Friedhöfen vor Schülern und Studenten als Nachahmung nazistischer Methoden zu verurteilen. Das Anzeigeblatt wandte sich jedoch zugleich auch das Informationsministerium, an Geistliche und in der Öffentlichkeit wirkende Persönlichkeiten.[117] Die Reaktionen der tschechischen Öffentlichkeit auf diese Aufforderung einer Minderheit waren jedoch etwas zweifelhaft. Der Ortsnationalausschuss in Lázně Kynžvart (Bad Königswart) lehnte eine Intervention der Jüdischen Religionsgemeinde in Mariánské Lázně (Marienbad) vom 5. November 1947, die ihn aufgefordert hatte, die jüdischen Grabsteine aus dem Straßenpflaster zu entfernen, mit dem Hinweis auf die großen finanziellen Kosten ganz unumwunden ab.[118] Dennoch ließ das Innenministerium dem Rat der jüdischen Religionsgemeinde am 6. Februar 1948 ein Schreiben zukommen, in dem es alle Landesnationalausschüsse und Sicherheitsorgane aufforderte, dafür Sorge zu tragen, jedwede Beschädigung und Profanierung jüdischer Friedhöfe und Synagogen zu verhindern und, falls es doch zu Beschädigungen kommen sollte, die Schuldigen gerichtlich zu belangen. Das Informationsministerium gab dann am 10. Februar 1948 eine Aufforderung an die Redakteure im Feuilleton der Zeitung *Hovory k lidu [Gespräche zum Volk]* heraus: *„Ehrfurchtslosigkeit gegenüber einem Friedhof deckt sich mit der Respektlosigkeit gegenüber der jüdischen Religion und den Bürgern, die sich zu dieser bekennen. Sieh da, ein kleiner, aber schlimmer Rest des faschistischen Geistes von Rassismus und Antisemitismus!"* konstatierte das Ministerium.[119] Dennoch fanden unmittelbar nach dem Krieg auf einigen Friedhöfen schon wieder die ersten Beerdigungen statt. Hierzu zählten freilich auch würdevolle und hochsymbolische Zeremonien für jüdische KZ-Häftlinge, die bei den sog. Todesmärschen ums Leben gekommen waren. Diese Akte hatten die Bedeutung einer öffentlichen Verurteilung des Nazismus und seiner rassistischen Politik. An diesen Trauerfeiern nahmen sowohl kommunale Repräsentanten als auch Vertreter

---

117 (Dr.) ILTIS, Rudolf: *Pustošení židovských hřbitovů* (*Die Schändung jüdischer Friedhöfe*). Věstník (Anzeigeblatt) 28.10.1947, S. 309. – Auf diesen Artikel nahm der Artikel *Příklady táhnou* in der Nummer vom 14. November 1947 Bezug.
118 *Středověk trvá i dnes?* (*Währt das Mittelalter auch heute?*), S. 37–38, auf der Grundlage des Periodikums Dnešek 8. Januar 1947.
119 Ministerstvo vnitra a informací proti hanobení židovských hřbitovů (*Innenministerium und Informationsministerium gegen die Schändung jüdischer Friedhöfe*). Věstník (Anzeigeblatt) 5.3.1948, S. 113.

der Kirche und des Nationalen Sicherheitskorps sowie Soldaten teil.[120] Zudem wurden auf jüdischen Friedhöfen Mahnmale und Gedenkplatten für gefallene und zu Tode gequälte Mitglieder enthüllt, in Karlovy Vary [(Karlsbad) im Jahr 1956, in Cheb (Eger) im Jahr 1969[121] und in Mikulov (Nikolsburg) im Jahr 1975.[122]

5. Die Nachkriegsschuldigen für das Verschwinden und die Bedrohung der jüdischen Spuren in der Grenzregion: das Staatsamt für kirchliche Angelegenheiten, neue Legislative, erste Rettungsversuche

Nach dem Februar-Umsturz des Jahres 1948 wurde aufgrund des Gesetzes vom 14. Oktober 1949, Nr. 217 Slg., das Staatsamt für kirchliche Angelegenheiten eingerichtet.[123] Seine deklarierte Aufgabe bestand darin, das kirchliche und religiöse Leben mit der Verfassung und den Grundsätzen einer volksdemokratischen Gesellschaftsordnung abzugleichen und das Recht auf Religionsfreiheit zu gewährleisten.[124] In Wirklichkeit aber handelte es sich hierbei um ein Kontroll- und Repressionsorgan, das die Möglichkeit der Kirchen und Religionsgemeinschaften, selbstständig über ihr Vermögen zu verfügen, torpedierte und deren wirtschaftliche Abhängigkeit vom Staat mit einer leistungsschwachen und undynamischen Wirtschaft begründete.[125] Die jüdischen Spuren in der Grenzregion

---

120 Z. B. fand am 2. September 1945 das Begräbnis von 21 Juden statt, die im Krieg nach Mikulov (Nikolsburg) verschleppt worden waren. Věstník (Anzeigeblatt) 15.12.1945, S. 31. Diese Leute, die in einer ehemaligen Kiesgrube gearbeitet hatten, waren gegen Kriegsende ermordet worden: im April 1945. ŠAFRÁNKOVÁ, Jana/SRBOVÁ, Marta: Židé *na Břeclavsku* (*Juden in der Region Břeclav*). In: Petr Pálka: *Židé a Morava*. Kroměříž 1997, S. 42.
121 HUDLICKÝ, P./etr/: *Odhalení památníku v Chebu*. Věstník (Anzeigeblatt) Oktober 1969, S. 5.
122 *Odhalení pomníku obětem nacismu*. Věstník (Anzeigeblatt) Juni 1975, S. 7.
123 Nach seiner Auflösung am 16. Juni 1956 wurde die Kirchenagenda vom Ressort des Schul- und Kulturministeriums übernommen. MUNKOVÁ, Michaela: *Obraz* židovské komunity v poválečném Československu *ve fondech 4. oddělení Národního archivu*. In: HAMÁČKOVÁ, Vlastimila/HANKOVÁ, Monika/LHOTOVÁ, Markéta: *Židé v Čechách 3*. Praha 2011, S. 40–41.
124 NA, MŠ 47/VIII, Karton-Nr. 2155, Gesetz vom 14. Oktober 1949, durch das das Staatsamt für kirchliche Angelegenheiten eingerichtet wird.
125 Zusammenfassend zum Charakter der staatskirchlichen Politik SOUKUPOVÁ, Blanka: *Postoj státu k židovskému náboženskému společenství v českých zemích v letech 1956–1968: mezi kontrolou, represemi a „blahosklonností"*. In: Lidé města 14/2012, Nr. 1, S. 73–105.

und im Landesinneren verschwanden unterdessen immer mehr. Im Dezember 1950 befanden sich die Friedhöfe nach Angaben Dr. Ladislav Šimšíks, Abteilungsrat und Referent der nichtkatholischen Abteilung des Schul- und Kulturministeriums, immer noch in einem „trostlosen"[126] Zustand, und ähnlich schlecht stand es auch um die Synagogen und Gebetshäuser. Im gleichen Jahr mussten die Begräbnisbruderschaften aufgelöst werden (ihr Vermögen fiel dann an die jüdische Religionsgemeinde). Ein Jahr später gingen aus ihnen die neu eingerichteten Begräbniskommissionen hervor. In dieser Situation ging die Zerstörung und Umkodierung der Denkmäler weiter, häufig wegen ihrer angeblichen historischen Wertlosigkeit; so bewerteten beispielsweise die „Genossen vom ONV (Kreisnationalausschuss)" 1952 auch den teilweise demolierten Friedhof in Bruntál (Freudenthal) in (Mährisch-)Schlesien.[127] In den Kreisen Jeseník (Freiwaldau) in Mährisch-Schlesien und Šternberk (Sternberg) in Nordmähren war nun kein Friedhof mehr zu finden. Zur Erhaltung waren nur einige wenige Friedhöfe vorgesehen, unter anderem in Úsov (Mährisch Aussee) und in Loštice (Loschitz) im Kreis Šumperk (Mährisch-Schönberg). Diese beiden nicht instandgehaltenen Friedhöfe stammten aus dem 17. Jahrhundert, wobei der Úsover Friedhof zu den ältesten in Mitteleuropa gehört.[128] Anlass zu Optimismus gab lediglich der bereits erwähnte, nicht näher spezifizierte Friedhof im Šumperker (Mährisch-Schönberger) Umland, der 1951 von Glaubensbrüdern erneuert worden war. Den ansehnlichen Zustand dieses Friedhofs führte der Kirchensekretär auch auf die Aufsicht zurück: Im Frontgebäude wohnte „ein Arbeiter aus den Vereinigten Stahlwerken", der sich um den Friedhof kümmerte.[129] Als eine echte Katastrophe aber entpuppte sich im Hinblick auf den Judaismus die Begräbnisverordnung des Gesundheitsministeriums vom 15. Februar 1955, auf deren Grundlage Friedhöfe ab Ende des Jahres nur von den Ortsnationalausschüssen eingerichtet und verwaltet werden konnten.[130] Der Vorstand des Rates der jüdischen Religionsgemeinden berief für den 5. Juni 1955 eine Versammlung ein, auf der konstatiert wurde, dass die Nachricht „bei allen ... jüdischen Religionsgemeinden Erstaunen

---

126 NA, SÚC, Karton-Nr. 119, Církve (Kirchen) ŽNO 1949–1953, Církev židovská (Die jüdische Kirche), Jahr 1952, dat. Praha (Prag), den 15. Dezember 1950.
127 Die ältesten erhaltenen Grabsteine stammten aus der zweiten Hälfte des 19. Jahrhunderts. HEŘMAN, Jan: Židovské hřbitovy v Čechách a na Moravě. Praha (1980), S. 10.
128 Zum Lošticer (Loschnitzer) Friedhof ebendort, S. 18.
129 NA, SÚC, Karton-Nr. 119, Církve (Kirchen) ŽNO 1949–1953, Církev židovská (Die jüdische Kirche), Jahr 1953, 261/53.
130 NA, MŠK 47/VII, 1956–1967, Karton-Nr. 56, Praha (Prag), den 10.5.1961.

und Bestürzung ausgelöst habe". Die Verordnung wurde als das Ende der jüdischen Religionsgemeinschaft und zugleich auch als *„eine Sache, über die es überhaupt nichts zu diskutieren gibt"* bewertet. Das herausgegebene Memorandum, das vom Prager Oberrabbiner (ab Juli 1947) Gustav Sicher und dem Ratsvorsitzenden Emil Neumann unterzeichnet war, führte als Gründe für die Ablehnung einer Diskussion historische Gründe (die Begräbnisbruderschaft stellte die älteste Minderheitsinstitution dar), religiöse Gründe (der jüdische Kult kennt keine Verwesungszeit; ein Grab ist Eigentum eines Toten, der Judaismus verbietet eine Exhumierung, um dadurch Platz zu schaffen), rechtshistorische Gründe (der Schutz der jüdischen Friedhöfe war bereits in die ersten Herrscherprivilegien (*„jüdischen Rechte"*) aus dem 13. Jahrhundert aufgenommen worden und der Staat hatte in der Begräbnisfrage den Judaismus stets respektiert) und rechtliche Gründe (die Bestimmung zur Verwaltung von Begräbnisstätten befand sich nicht in Übereinstimmung mit der tschechoslowakischen Rechtsordnung).[131] Obwohl die Friedhöfe am Ende in der Verwaltung der Religionsgemeinschaft blieben, ging der Vandalismus weiter. In der Nacht vom 11. auf den 12. November 1956 wurden 126 Grabsteine auf dem Friedhof in Teplice (Teplitz) umgestürzt[132]. Auf der Dezember-Tagung wurde die jüdische Repräsentation aufgefordert, nach Absprache mit dem Kirchenressort des Schul- und Kulturministeriums, der Staatlichen Denkmalpflege und dem Staatlichen jüdischen Museum in Prag die Erhaltung und Instandhaltung der jüdischen Friedhöfe, *„die von historischem Wert sind"*, sicherzustellen.[133]

Es war dies jedoch nicht die einzige Aktion dieser Art. Der sich verschlimmernde Zustand der Friedhöfe bewogen Hana Volavková und Otto Muneles, Mitarbeiter des Staatlichen jüdischen Museums in Prag, dazu, eine breitangelegte Dokumentationsaktion anzubieten, die in der Zusammenstellung der Hauptkriterien des Denkmalschutzes mündete. Im April 1957 fand im Staatlichen jüdischen Museum in Prag eine Konferenz zum Schutz jüdischer Denkmäler statt, einberufen von der Staatlichen Denkmalpflege und -verwaltung. František Schwarz, der damalige Ratsvorsitzende, wies die Denkmalschützer dort darauf

---

131 NA, SÚC, Karton-Nr. 119, Církve (Kirchen) 1954–1956, Církev židovská (Die jüdische Kirche), Jahr 1955, dat. Prag, den 15. Juni 1955.
132 Der neue Friedhof stammte aus dem Jahr 1862. ROZKOŠNÁ, B./JAKUBEC, P.: Židovské *památky* Čech, S. 386.
133 NA, MŠK 47/VII, 1956–1967, Karton-Nr. 56, Tagung der Delegaten am 8. und 9. Dezember 1956.

hin, dass die jüdischen Religionsgemeinden vom Staat nur für „lebendige Friedhöfe" Zuwendungen erhalten. Schlussendlich wurde vereinbart, dass das Staatliche jüdische Museum in Prag Vorschläge für jüdische Reservationen und Freilichtmuseen sowie ein Memorandum über die Notwendigkeit ihres Schutzes vorbereitet. Die Staatliche Denkmalpflege und -verwaltung sollte dieses Dokument dann in das Memorandum über kirchliche Denkmäler aufnehmen und den Nationalausschüssen auferlegen, Friedhöfe als Naturdenkmäler zu schützen. Der höflich geschriebene, aber äußerst kritische Text des Memorandums betonte die Bedeutung der jüdischen Denkmäler auf dem Lande als eine Art Ergänzung zu den Denkmälern des jüdischen Prags. Die jüdischen Friedhöfe wurden dabei als Bestandteil der böhmischen Landschaft bezeichnet.[134]

In der entspannteren Atmosphäre der „goldenen 60er"-Jahre trafen aus dem Ausland Spenden zur Reparatur jüdischer Denkmäler ein. Vom Staat gutgeheißene Hilfe für die Instandhaltung verwüsteter Friedhöfe bot der Bund der europäischen Rabbiner in New York an.[135] Spenden für Reparaturen der Friedhöfe und Synagogen kamen sporadisch jedoch auch von Einzelpersonen, die der schlechte Zustand der Friedhöfe und die Ehrfurchtlosigkeit in Bezug auf das Andenken Verstorbener quälten. Z. B. kam 1962 ein Angebot von Richard Neubauer aus New York für die Instandsetzung der jüdischen Friedhöfe in Tachov (Tachau), die während des Krieges beschädigt worden waren (der alte Friedhof aus dem Jahre 1615 war während des Krieges mehrfach verwüstet worden, 1950 und dann erneut 1964 und nach 1977; der neue Friedhof aus dem Jahr 1933 wurde ganz zerstört[136]). Neubauer schrieb an die Adresse der Jüdischen Religionsgemeinde in Plzeň (Pilsen) (mit einer Entschuldigung, dass er nicht tschechisch schreiben könne, obwohl er vor 45 Jahren Schüler von Professor Vlastimil Kraus, einem bedeutenden Vertreter der tschechisch-jüdischen Bewegung, gewesen wäre): *„Wir erhielten von einem lieben christlichen Herrn die Nachricht, dass die Mauer des alten jüdischen Friedhofs in Tachov (Tachau) Durchbrüche aufweist und dass beim neuen jüdischen Friedhof das Tor fehlt. Ich weiß nicht, ob die Reparaturen inzwischen durchgeführt wurden. Es gibt hier bei uns ein paar Landsleute aus Tachov (Tachau), und wir sind sehr beunruhigt darüber, dass die letzte Ruhestätte unserer Vorfahren womöglich nicht in würdiger Weise instandgehalten wird. Wir wären be-*

---

134 NA, MŠK, 47/VIII, Karton-Nr. 56, 1957–1967.
135 NA, MŠK, 47/VIII, 1957–1966, Karton-Nr. 57.
136 ROZKOŠNÁ, B./JAKUBEC, P.: Židovské *památky* Čech, S. 382–383.

reit, die Kosten für die Reparaturen, sofern diese noch nicht durchgeführt wurden, zu übernehmen. Darüber hinaus mache ich mir Sorgen, dass unsere Friedhöfe, entgegen unserer Tradition, möglicherweise nicht bewahrt und stattdessen in Parks umgewandelt werden könnten. Denn die Ruhe unserer Verstorbenen soll, wie Sie wissen, nicht gestört werden. Können Sie in dieser Richtung etwas Beruhigendes sagen?"[137] Der Verfall und die vorsätzliche Zerstörung der Denkmäler aber konnte durch gelegentliche Spenden natürlich nicht gestoppt werden.

6. Das Verschwinden jüdischer Spuren in der Zeit der sog. Normalisierung (1969–1989)

Die sog. Normalisierung hatte ein weiteres Verschwinden der Spuren jüdischer Anwesenheit zur Folge. In dieser Zeit kam es vor allem zur Auflösung jüdischer Friedhöfe und zum Verkauf der Grabsteine. An der Stelle eines aufgelösten Friedhofs entstand dann ein symbolischer Friedhof: bedeutende Grabsteine gruppiert um einen sog. Gedenkstein (Lapidarium), dessen Pflege vom Staat übernommen werden sollte.[138] In einem guten Zustand befanden sich nur ein paar wenige Friedhöfe, in der Grenzregion beispielsweise der alte Teil des Friedhofs in Mikulov (Nikolsburg).[139] Ende 1988 wurden Aufräumungsarbeiten auf dem Friedhof in Karlovy Vary (Karlsbad) durchgeführt, teilweise wurde er erneuert. Auf dem Friedhof in Mariánské Lázně (Marienbad), der zu Beginn der 80er Jahre erneuert worden war,[140] wurde ein Teil der Grabsteine vom aufgelösten Friedhof in Tachov (Tachau) aufgestellt.[141]

Die verwaisten jüdischen Denkmäler lockten Vandalen an. Größter Zerstörer aber blieb der Staat. Beispielsweise wurde 1985 die Auflösung des jüdischen Friedhofs in Krnov (Jägerndorf, polnisch Karniów) in M.-Schlesien beschlos-

---

137 NA, MŠK 47/VIII, 1957–1966, Karton-Nr. 56.
138 *Projev dr. Basse ve Washingtonu* (*Die Rede von Dr. Bass in Washington*). Věstník (Anzeigeblatt) Dezember 1977, S. 3.
139 NA, Ministerstvo kultury (Kulturministerium) (weiter MK), Karton-Nr. 234, Zpráva o služební cestě do Mikulova v dnech 15. – 19.5.1978 (Bericht über die Dienstreise nach Mikulov (Nikolsburg) am 15. – 19.5.1978), S. 1–3. Die Begräbnisstätte in Mikulov (Nikolsburg) entstand laut Artikel in der Mitte des 15. Jahrhunderts, der älteste erhaltene Grabstein stammte aus dem Jahr 1618. -jk-: *Židovský hřbitov v Mikulově*. Věstník (Anzeigeblatt) September 1984, S. 4.
140 *Zprávy z obcí, Mariánské Lázně (Marienbad)*. Věstník (Anzeigeblatt) Oktober 1980, S. 8.
141 *Zprávy z obcí, Plzeň (Pilsen)*. Věstník (Anzeigeblatt) Januar 1989, S. 8.

sen.¹⁴² Die Grabsteine wurden an Steinmetzbetriebe verkauft, beschädigt, gestohlen. Auf der von Grabsteinen gereinigten Fläche entstand eine Gartenkolonie.¹⁴³ Im gleichen Jahr wurde wegen des Kohleabbaus die Auflösung des jüdischen und des Mehrheitsfriedhofs in Teplice (Teplitz) beschlossen.¹⁴⁴ In den Jahren 1986 und 1987 wurden die restlichen Grabsteine auf dem verwüsteten Friedhof in Chomutov (Komotau) beseitigt.¹⁴⁵

7. Schlussfolgerungen

Die Grenzgebiete der böhmischen Länder wurden kurz vor und während des Zweiten Weltkrieges gewaltsam ihrer jüdischen Einwohner beraubt. Der spirituelle Wert der Landschaft wurde ab September 1938 bis zur Samtenen Revolution (1989) durch Zerstörung und Verwüstung der jüdischen Denkmäler devastiert. Nach der Befreiung der Tschechoslowakei im Mai 1945 wurde die Mehrheit der dortigen deutschen Einwohnerschaft in die in Tschechien Odsun genannte „Abschiebung" einbezogen. Ihre Häuser wurden häufig geplündert, ihre Wirtschaft vernichtet. In der rauen Nachkriegszeit gingen in der Grenzregion ganze Ortschaften unter. Die sog. Neuansiedler, Zuzügler diverser Nationalitäten und Kulturen, mussten sich ihre Heimat erst noch erschaffen. Es fehlte ihnen nämlich das Verankertsein in der Landschaft durch die vorangegangenen Generationen. Václav Cílek glaubt, dass erst die zweite oder dritte Migrantengeneration¹⁴⁶ ihre Heimat in der neuen Landschaft wird finden können. Die Verwüstung der vernarbten Landschaft wurde durch die Präsenz der Armee noch gekrönt. Die Landschaft an der Peripherie der nach dem Kriege erneuerten Tschechoslowakischen Republik hinterließ bei ihren Besuchern häufig einen „*fast ausländischen*" Eindruck, den Eindruck einer „*spirituellen Peripherie*". Ihre Städte wirkten wie „*gesichtslose Städte*", „*ohne Geschichte*".¹⁴⁷ Diese depressiven Gefühle verbanden die

---

142 Věstník (Anzeigeblatt) Dezember 1985, S. 8.
143 STEJSKAL, Jan: *Osudy židovské komunity v Krnově* (*Die Schicksale der jüdischen Gemeinde in Krnov [Jägerndorf]*). In: PÁLKA, Petr : Židé a Morava X. Kroměříž 2004, S. 170.
144 NA, MK, Karton-Nr. 231, Sjezdy (Tagungen) 1969, 1975, 1980, 1985, dat. Prag, den 2. 11. 1985, S. 4.
145 Der Friedhof stammte aus dem Jahr 1892. KOCOUREK, L.: Židovské *hřbitovy* v severozápadních Čechách (*Jüdische Friedhöfe in Nordwestböhmen*), S. 141.
146 CÍLEK, Václav: *Dýchat s ptáky*, S. 39, S. 72.
147 Schon in der Zeit der späten „Normalisierung" (1987) erschien in München das Buch Ztracené dějiny (*Die verlorene Geschichte*) des Arztes Petr Příhoda (unter dem Pseudonym

Neusiedler freilich mit der Vertreibung der Deutschen und nicht mit der Ermordung der dortigen jüdischen Bevölkerung. Nach dem Februar-Umsturz spielte der Staat eine überaus negative Rolle. Es begann eine Phase, die wir mit Jacques Le Goff, dem Begründer der französischen historischen Anthropologie, als Machtmanipulation mit der Erinnerungslandschaft bezeichnen könnten. Es begann die Phase ihrer Enteignung, ihrer schlussendlich mitunter faktischen Auflösung und des Verkaufs ihrer materiellen Denkmäler. Durch den Umtausch gegen einen Obolus wurden die böhmischen Länder und deren jüdische Minderheit so in unbedachter Weise weiterer Gedenkorte beraubt. Auch dieser Prozess aber spielte sich freilich in bestimmten Abstufungen ab. Die erste Stufe war die Umkodierung der Bedeutung der Gedenkorte und Orte in der Erinnerung gemäß der Mehrheitsideologie, die Anpassung ihrer Bedeutung an die Interessen des Regimes. An dieser Phase war in beträchtlichem Umfang auch die zum Regime loyal eingestellte und vom Regime ausgesuchte jüdische Repräsentation beteiligt. Ein gewisser Bruch trat ab Ende der 50er Jahre und insbesondere in den 60er Jahren des vergangenen Jahrhunderts ein. Die staatliche Denkmalpflege und -verwaltung unternahm wichtige Schritte zum Schutz jüdischer Denkmäler. Zu einem großen Teil aber handelte es sich dabei um einen Kampf gegen Windmühlen, der noch dazu durch die sog. Normalisierung nach 1968 unterbrochen wurde. Bemühungen um eine Renaissance des „jüdischen Geistes", deren Zeugen wir nach 1989 sind, sind somit aus historisch-künstlerischer als auch aus bürgerlicher Sicht ungemein verdienstvoll. Nichts aber ändert dies daran, dass eine Landschaft ohne ihre ursprüngliche Bevölkerung nie wieder ihre frühere Qualität haben wird.

František Jedermann). Es enthält emotionsgeladene Eindrücke von der verlebten böhmischen und mährischen Landschaft der Grenzregion. Des Weiteren vgl. die Erinnerungen Václav Vokoleks an das Nachkriegs-Děčín (Tetschen). VOKOLEK, Václav: *Krajiny vzpomínek*. Praha 2000, S. 9, S. 23. Ähnlich gezeichnet wird auch die verwüstete Landschaft der Grenzregion in dem populären, wenn auch sehr problematischen Buch *Zmizelé Sudety* (*Das verschwundene Sudetenland*) von MIKŠÍČEK, Petr/SPURNÝ, Matěj/MATĚJKA, Ondřej/SPURNÁ, Susanne (Antikomplex 2003, 2004, 2006, 2007 usw.). Der Kulturwissenschaftler Mikšíček stilisierte sich dann sogar in die Figur eines postmodernen Pilgers *durch eine schizophrene und sterilisierte Landschaft*, durch *geopferte Berge, den Raum einer untergegangenen Zivilisation*, eines gestörten *sudetenländischen Geistes*. MIKŠÍČEK, Petr: *Sudetská pouť aneb Waldgau*. Prag 2005, S. 24, S. 86, S. 144. Die entwurzelte Grenzregion (in ihrem unkorrekten Terminus Sudetenland) verband freilich selbst er nicht mit der Zerstörung des „jüdischen Geistes".

Literatur- und Quellenhinweise

Antikomplex a kolektiv autorů: MIKŠÍČEK, Petr/SPURNÝ, Matej/MATĚJKA, Ondřej/SPURNÁ, Susanne (Hrsg.): *Zmizelé Sudety/Das verschwundene Sudetenland.* Katalog k výstavě/

Katalog zur Ausstellung. Domažlice: Pro občanské sdružení Antikoplex vydalo Nakladatelství Českého lesa 2006 (6., überarbeitete Auflage)

CHALUPNÝ, Emanuel: *Národní povaha česká.* Praha: Nákladem vlastním 1907

CHALUPNÝ, Emanuel: *Jihočechové.* Praha: Č. A. T. 1943

CHMELÍKOVÁ MLSOVÁ, Jitka: *Jediná připomínka. Osud* židovského hřbitova v *Chebu* (Eger). Roš chodeš. November 2011, S. 16

CÍLEK, Václav: *Dýchat s ptáky.* Praha: Dokořán 2008

CÍLEK, Václav: *Makom. Kniha míst.* Praha: Dokořán 2009

Dnešek (Periodikum) vom 8.1.1947

FIEDLER, Jiří: *Přehled.* In: EHL, Petr/PAŘÍK, Arno/FIEDLER, Jiří (Hrsg.): *Staré* židovské *hřbitovy* Čech *a Moravy.* Praha: Paseka 1991

FIEDLER, Jiří: *Z historie VŽNO.* Věstník (Anzeigeblatt). Juni 1983, S. 4

GEBHART, Jan/KUKLÍK, Jan: *Druhá republika 1938–1939. Svár demokracie a totality v politickém, společenském a kulturním životě.* Praha, Litomyšl: Paseka 2004

HEŘMAN, Jan: Židovské *hřbitovy v* Čechách *a na Moravě.* Praha [1980]

HUDLICKÝ, Petr: *Odhalení památníku v Chebu.* In: Věstník (Anzeigeblatt), Nr. 10, Oktober 1969, S. 5

Dr. Iltis (ILTIS, Rudolf): *Pustošení židovských hřbitovů.* In: Věstník (Anzeigeblatt), 28.10.1947, S. 309

Dr. Iltis (ILTIS, Rudolf): *Středověk trvá i dnes?* In: Věstník (Anzeigeblatt), 23.1.1948, S. 37–38

JEDERMANN, František (PŘÍHODA, Petr): Ztracené dějiny München: Tschechischer Nationalausschuss in Deutschland 1987

KLENOVSKÝ, Jaroslav: Obnova židovského hřbitova v Hlučíně. In: PÁLKA, Petr (Hrsg.): Židé a Morava XVI. Kroměříž: Muzeum Kroměřížska 2010, S. 216–224

KLENOVSKÝ, Jaroslav: *Židovské památky Moravy a Slezska.* In: Židovská Morava. Židovské Brno. Brno: Židovské památky Moravy a Slezska (s.n.) 2000, S. 42–57

KOCOUREK, Lubomir: Židovské *hřbitovy v severozápadních* Čechách. . In: HAMÁČKOVÁ, Vlastimila/HANKOVÁ, Monika/LHOTOVÁ, Markéta (Hrsg.): Židé *v* Čechách. Praha: Židovské muzeum v Praze 2009, S. 134–146

KUPKA, Jiří: *Krajiny kulturní a historické.* Praha: České vysoké učení technické 2010

LHOTOVÁ, Markéta: *Carl König a liberecká synagoga.* Fontes Nissae/Prameny Nisy XI, 2010, S. 113–152

LORENZ, Willi: *Dialog s* českou *zemí* (Deutsch: *Liebe zu Böhmen*). Praha: Gemini 99 2002

MIKŠÍČEK, Petr: *Sudetská pouť aneb Waldgau.* Praha: Dokořán 2005

Ministerstvo vnitra a informací proti hanobení židovských hřbitovů (Innenministerium und Informationsministerium gegen die Schändung jüdischer Friedhöfe. In: Věstník [Anzeigeblatt], 5.3.1948, S. 113

MÍŠKOVÁ, Alena: Židé v Sudetech. Od Schönera ke genocidě. Roš chodeš. März 1998, S. 8–9

MUNKOVÁ, Michaela: Obraz židovské komunity v poválečném Československu ve fondech 4. oddělení Národního archivu.. In: HAMÁČKOVÁ, Vlastimila/HANKOVÁ, Monika/LHOTOVÁ, Markéta (Hrsg.): Židé v Čechách 3. Praha 2011, S. 40–44

Národní archiv [Nationalarchiv (abgekürzt: NA)]: Ministerstvo kultury (Kulturministerium). Karton Nr. 234, 15. -19.5.1978, S. 1–3; Karton Nr. 231, 2.11.1985

Národní archiv (Nationalarchiv [NA]): Ministerstvo školství (abgekürzt MŠ) (Schulministerium), 47 /VIII, Karton Nr. 56, Kolín 5.8.1945, 47/VII, 1956–1967, 8. -9.12.1956, 10.5.1961; Karton Nr. 2155, 14.10.1949; Karton Nr. 57

Národní archiv (Nationalarchiv [NA]): Státní úřad pro věci církevní (Staatsbehörde für kirchliche Angelegenheiten). Církve (Kirchen): ŽNO 1949–1953, Církev židovská (jüdische Kirche) 1949, Karton Nr. 119, Praha 4.11.1949, 15.12.1950; 1955, 15.6.1955, Karton Nr. 119, 1953

PAŘÍK, Arno: Zahrady života. In: EHL, Petr/PAŘÍK, Arno/FIEDLER, Jiří (Hrsg.): Staré židovské hřbitovy Čech a Moravy. Praha: Paseka 1991, S. 5–19

PĚKNÝ, Tomáš: Historie Židů v Čechách a na Moravě. Praha: Sefer 2001

PETRŮV, Helena: Právní postaven židů v Protektorátu Čechy a Morava (1939–1941). Praha: Sefer 2000

PODLEŠÁK, Jaroslav: Židovské památky na Prachaticku a Strakonicku. In: Naše dny se naplnily. Z historie Židů v jižních Čechách. České Budějovice: Klub přátel Izraele v Českých Budějovicích: Jih, Čkyně: Společnost pro obnovu synagogy 2002, S. 169–170

PODLEŠÁK, Jaroslav: Synagoga ve Čkyni. Zamyšlení nad židovským duchovním dědictvím v jižních Čechách. Čkyně: Společnost pro obnovu synagogy ve Čkyni

2006 ROZKOŠNÁ, Blanka/JAKUBEC, Pavel: Židovské památky Čech. Historie a památky židovského osídlení Čech. Brno: ERA 2004

SCHAMA, Simon: Landscape and Memory. New York: Knopf 1995

SCHOLZ, Milan: *Prostor a dějiny: Historické proměny diskusí a otázky současného bádání*. In: KLUSÁKOVÁ, Luďa/SCHOLZ, Milan: *Pojetí prostoru v historické perspektivě*. Praha: Karolinum 2012, S. 13–28

SOUKUPOVÁ, Blanka: *Postoj státu k židovskému náboženskému společenství v českých zemích v letech 1956–1968: mezi kontrolou, represemi a „blahosklonností"*.. In: Lidé města 14/2012, Nr. 1, S. 78–105

SOUKUPOVÁ, Blanka: *Židé v českých zemích po šoa. Identita poraněné paměti*. Bratislava: Marenčin 2016

STEJSKAL, Jan: *Osudy židovské komunity v Krnově*. In: PÁLKA, Petr: *Židé a Morava X*. Kroměříž: Muzeum Kroměřížska 2004, S. 171–177

ŠAFRÁNKOVÁ, Jana/SRBOVÁ, Marta: *Židé na Břeclavsku*. In: PÁLKA, Petr: *Židé a Morava*. Kroměříž: Muzeum Kroměřížska 1997, S. 40–45

ŠVANDRLÍK, Richard: *Historie Židů v Mariánských Lázních*. Mariánské Lázně: Art Gallery Nataly: Městské muzeum Mariánské Lázně 2009

Věstník (Anzeigeblatt): -jk-: Židovský hřbitov v Mikulově (Nikolsburg). September 1984, S. 4

Věstník (Anzeigeblatt): Odhalení pomníku obětem nacismu. Juni 1975, S. 7

Věstník (Anzeigeblatt): Projev dr. Basse ve Washingtonu. Dezember 1977, S. 3

Věstník (Anzeigeblatt): Zprávy z obcí. Krnov (Jägerndorf). Dezember 1985, S. 8

Věstník (Anzeigeblatt): Zprávy z obcí. Mariánské Lázně (Marienbad), Oktober 1980, S. 8

Věstník (Anzeigeblatt): Zprávy z obcí, Plzeň (Pilsen). Januar 1989, S. 8

VLADAŘOVÁ, Petra: Židovský *hřbitov v Bečově nad Teplou* (Petschau an der Tepl). Jáchymov: Terra incognita 2012

VOKOLEK, Václav: *Krajiny vzpomínek*. Praha: Triáda 2000

Tomáš Kraus

Zu Aufgaben, Maßnahmen, Problemen und Erfolgen der jüdischen Gemeinden in der Tschechischen Republik seit den 1990er Jahren

Eine seiner ersten Ansprachen, die Václav Havel als Präsident der Tschechoslowakei am Neujahrstag 1990 an die Bevölkerung richtete, enthielt Passagen, die für die jüdische Bevölkerung von großer Bedeutung waren. Denn sie betrafen die Wiederaufnahme diplomatischer Beziehungen mit Israel – diese Beziehungen waren nach dem Sechs-Tage-Krieg 1967 unterbrochen worden – und die Restitution des Eigentums, auch des jüdischen Eigentums. Präsident Havel engagierte sich in seiner Amtszeit sehr energisch für die Restitution, auch wenn es ihm nicht immer gelang, seinen hohen moralischen Anspruch durchzusetzen. Aber jüdische Themen wurden publik gemacht. Sie zogen die Aufmerksamkeit und die Sympathie der breiten Öffentlichkeit auf sich. Denn prominente jüdische Persönlichkeiten hatten mitgeholfen, das kommunistische Regime zu Fall zu bringen. Eine wichtige Rolle für das öffentliche Interesse spielte auch die Tatsache, dass in der Zeit vor 1990 über den Holocaust und die jüdischen Opfer nicht öffentlich gesprochen werden konnte.

Die Durchführung der Wiedergutmachung jüdischen Eigentums wurde im Jahr 1992 beschlossen, noch vor der Teilung der Tschechoslowakei in die Tschechische und die Slowakische Republik. Die Föderation der jüdischen Gemeinden stellte damals Unterlagen über etwa eintausend Objekte jüdischen Gemeindeeigentums, von Fonds sowie des Besitzes verschiedener Institutionen, Vereine, Klubs und anderer Einrichtungen ganz Böhmens und Mährens zusammen. Die endgültige Liste, die von der Föderation im Jahre 1993 beim tschechischen Parlament eingereicht wurde, beschränkte sich aber nach sorgfältiger Durchsicht auf 202 Objekte. Zahlreiche der oben genannten eintausend Objekte wurden aus verschiedenen Gründen nicht berücksichtigt: Viele Synagogen und Gebäude der jüdischen Gemeinden waren mit Einwilligung ihrer Gemeindevorsteher an christliche, meistens protestantische Kirchengemeinden übergeben worden, um sie davor zu bewahren, beispielsweise zu Lagerhäusern umfunktioniert zu werden. In der Nachkriegszeit war es unmöglich, jüdisches Leben in den früher bestehenden 153 israelitischen Kultusgemeinden wieder einzuführen bzw. zu erneuern. Deshalb waren die Gottesdienste in den verbliebenen Synagogen oder in anderen Gebäuden abgehalten worden. Während dieser langen Zeit waren die Grundstücke der jüdischen Gemeinden oft für den Bau von Straßen und für andere Zwecke verwendet worden. So enthielt die Liste, die nach der Teilung der Tschechoslowakei im Jahre 1993 beim tschechischen Parlament eingereicht wurde, um eine Wiedergutmachung zu bewirken, nur 202 Objekte, also nur einen Teil des jüdischen Eigentums. Zusammen mit dieser Liste wurde auch um die Rückgabe des staatlichen jüdischen Museums ersucht und ein Entwurf für ein Gesetz eingereicht, mit dem die individuelle Restitution jüdischen Vermögens ermöglicht werden sollte.

Das tschechische Parlament wies jedoch dieses Ersuchen im Februar 1994 zurück und berief sich dabei auf ein Gesetz aus dem Jahre 1991, also auf ein Gesetz, das noch vor der Teilung der Tschechoslowakei verabschiedet worden war. Nach diesem Gesetz war ein Teil des staatlichen Eigentums den Stadtverwaltungen überlassen worden. Als Begründung wurde vom Parlament angegeben, dass eine Entscheidung für den Verbleib des Eigentums beim Staat denjenigen Gesetzen der Verstaatlichung gleichen könnte, die in kommunistischer Zeit angewendet wurden. Kurz nach dieser Ablehnung traten Vertreter der Föderation der jüdischen Gemeinden an den damaligen Premierminister Václav Klaus heran und schlugen ihm andere Lösungen vor. Dieser übermittelte daraufhin den städtischen Behörden einen Aufruf, mit dem er sie aufforderte, das jüdische Vermögen zurückzugeben. Ein ähnlicher Aufruf erging auch von Seiten der regierenden Koalitionspartner. Gleichzeitig versicherte der Premierminister, dass das staatliche Eigentum den jüdischen Eigentümern zurückgegeben würde und auch die übrigen Probleme gelöst würden.

Im Juni 1994 entschied das Parlament mit einer Gesetzesänderung die Restitution von Vermögenswerten auch an solche privaten Personen zu ermöglichen, die ihr Vermögen in der Zeit von 1938 bis 1945 verloren und wegen des Staatsstreichs des Jahres 1948 ihre Ansprüche nicht mehr hatten geltend machen können. Diese Ansprüche konnten nun erhoben werden. Schließlich erließ das Verfassungsgericht einen Beschluss, mit dem der Nachweis eines ständigen Wohnsitzes in der Tschechischen Republik als Bedingung für die Eigentumsrückgabe aufgehoben wurde. Die Antragsfrist für die Restitution wurde bis 1996 verlängert. So konnten schließlich viele Personen ihr Eigentum wiederbekommen.

Die Maßnahmen für die Ermöglichung der Restitution waren also erfolgreich. Das staatliche jüdische Museum hörte im Oktober 1994 auf zu existieren und ging in das Eigentum der Föderation der jüdischen Gemeinden der Tschechischen Republik über. Seitdem heißt es „Jüdisches Museum in Prag" (*Židovské muzeum v Praze*). Zu diesem Museum gehörten der größte Teil der Judaica-Sammlungen. Ein Teil der Judaica war seit der Verstaatlichung im Jahre 1950 im Besitz des Ministeriums für Kultur. Infolge der Restitution wurden innerhalb kurzer Zeit Form und Arbeit des jüdischen Museums positiv verändert.

Bis Ende 1994 waren etwa drei Viertel der oben genannten 202 Objekte in jüdische Hände zurückgegeben worden. Weniger zufriedenstellend waren jedoch Organisation und Ablauf der Rückgabe des restlichen Viertels der Objekte. Im März und Mai 1994 hatte die tschechische Regierung unter Václav Klaus entschieden, auch diese Objekte zurückzugeben. Da aber Organisation und Ablauf der Rückgabe nicht gesetzlich geregelt waren, musste die Föderation jüdischer Gemeinden in Vertretung einzelner jüdischer Gemeinden langwierige und komplizierte Verhandlungen mit städtischen Behörden und privaten Gesellschaften führen, um auch in den Besitz dieser etwa 50 Objekte zu gelangen. Bis Mitte 1997 waren erst etwa die Hälfte dieser Objekte den einzelnen jüdischen Gemeinden übereignet worden. Aber alles in allem kam es zu einer Restitution, von wenigen Ausnahmen abgesehen.

Im Jahre 1998 hatte die sozialdemokratische Partei der Tschechischen Republik die Frage der Wiedergutmachung jüdischen Eigentums zu einem wichtigen Thema ihres Wahlkampfes gemacht. Nachdem sie die Wahl gewonnen hatte, wurde dieser Gegenstand in ihr Programm aufgenommen. Hier ging es nun überwiegend um die Restitution von Privateigentum, nachdem die Rückgabe des Eigentums jüdischer Gemeinden und Institutionen bereits weit fortgeschritten war. Dieses Vorgehen entsprach der weltweit gegebenen Tendenz, das jüdische Vermögen aus der Zeit des Holocausts zurückzugeben. Eine wichtige Konferenz zu diesem Thema war Anfang 1998 in Washington abgehalten worden. Im Januar 1999 richtete die tschechische Regierung eine Kommission ein, welche die Aufgabe hatte, das den Holocaust-Opfern zugefügte Unrecht zu mildern und die Wiedergutmachung von Eigentum und Besitz zu beschleunigen. Die Kommission bestand aus Vertretern des tschechischen Staates und der Föderation jüdischer Gemeinden. Leiter war der stellvertretende Premierminister Pavel Rychetsky. Auch ausländische Teilnehmer wurden zur Mitwirkung in der Kommission eingeladen, z. B. das US-amerikanische jüdische Komitee (American Jewish Committee/AJC) und die Weltorganisation für jüdische Restitution (World Jewish Restitution Organisation/WJRO). Die Kommission bestand aus drei Untergruppen: 1. einer Untergruppe, die sich mit der Gesetzgebung und den ungelösten individuellen Ansprüchen befasste, 2. einer Untergruppe, die ihr Hauptaugenmerk auf den Besitz der jüdischen Gemeinden legte; und 3. einer Untergruppe, die in Archiven nach geraubten Kunstgegenständen, Bankkonten, Versicherungspolicen und anderen Werten forschte. Die Kommission erarbeitete einige Vorschläge für Gesetze sowie für weitere Maßnahmen und Regeln, die es der tschechischen Regierung ermöglichen sollten, auch das Unrecht aus der Zeit des kommunistischen Regimes wiedergutzumachen. Die Bemühungen dieser Kommission ergaben u. a. einen Bericht über das Gold und die Juwelen, die von den Nazis geraubt worden waren. In diesem Bericht wird festgestellt, dass ein Teil dieser Werte sich noch in Moskau befindet. Er werde von russischer Seite als Kriegsbeute der roten Armee bezeichnet.[148]

Unter den Themen, auf die sich die Föderation der jüdischen Gemeinden der Tschechischen Republik seit etwa dem Jahr 2000 konzentriert, sind die wichtigsten die Rückgabe des jüdischen Eigentums, die sog. Wiedergutmachung für die Holocaust-Überlebenden und die Rettung des jüdischen Kulturerbes.

Bei den Verhandlungen der Föderation mit dem tschechischen Staat über die Restitution des jüdischen Eigentums wechseln sich Erfolge mit Enttäuschungen ab. Die Verhandlungen werden in Verbindung mit den Kirchen und anderen religiösen Gemeinschaften geführt. Zu einer Entscheidung kam es erst Ende des Jahres 2012, als das Gesetz für die Rückgabe des einstigen Eigentums von Kirchen und anderen Religionsgemeinschaften im tschechischen Parlament beschlossen wurde. Die Restitution bezieht sich auf dasjenige Eigentum, das der tschechoslowakische Staat den Kirchen und anderen Religionsgruppen nach der kommunistischen Machtergreifung im Februar 1948 weggenommen hatte. Es

---

148 Siehe auch KRAUS, Tomáš: *Současná situace židovských obcí v ČR./Die gegenwärtige Situation der jüdischen Gemeinden in der Tschechischen Republik*. In: Ackermann-Gemeinde/Česká křesťanská Akademie (Ed./Hrsg.): Židé v Sudetech/Die Juden im Sudetenland. Praha 2000, S. 312–316 bzw. 317–322.
Diese Abhandlung enthält weitere Informationen des Autors vor allem zu den folgenden Themen: 1. Geschichte dieser Gemeinden; 2. Mitgliederzahlen; 3. Organisation und Aufgaben der Föderation jüdischer Gemeinden; und 4. die wesentlichen Probleme, mit denen sich die Föderation der jüdischen Gemeinden befasst, nämlich a) die Entschädigung der Opfer nationalsozialistischer Verfolgung in der Tschechischen Republik und b) die Restitution des jüdischen Eigentums.

ging nun vor allem um die rund 800 Objekte, welche die jüdischen Gemeinden zu Anfang der 1990er Jahre selbst von ihrer zunächst etwa 1.000 Objekte umfassenden Liste genommen hatten.

Dieses Gesetz regelt nicht nur die Restitution, sondern bedeutet auch die Trennung zwischen Kirche und Staat. Damit hat die Föderation der jüdischen Gemeinden auch den berechtigten Anspruch auf einen finanziellen Ausgleich für konfiszierte Immobilien durchgesetzt, die nicht mehr zurückgegeben werden können. Jedoch entspricht der finanzielle Ausgleich nicht dem Wert des verlorenen Eigentums. Ein besonders wichtiges Problem liegt aber auch darin, dass das Gesetz sich erst auf die Zeit ab Februar 1948 bezieht und damit erstens diejenigen Schäden nicht berücksichtigt, die entstanden sind schon seit der Verfolgung der jüdischen Personen, Verbände und Institutionen infolge der Annexion des sog. Sudetenlandes durch Nazi-Deutschland im Jahre 1938, und zweitens diejenigen Schäden ausklammert, die nach dem Krieg bis 1948 verübt wurden. Außerdem wurde nicht die Frage gelöst, wie mit demjenigen jüdischen Eigentum umgegangen werden soll, für das es keine Erben gibt. Es handelt sich dabei um Fälle, in denen die Familien, denen dieses Eigentum gehört hatte, vollständig ausgelöscht wurden. Aber auch von Seiten der Föderation der jüdischen Gemeinden wurde ein Antrag auf Behandlung dieser Frage nicht gestellt.

Die Föderation der jüdischen Gemeinden versucht jedoch, Entschädigungen für die Überlebenden des Holocausts zu erwirken, die z. B. wegen der erlittenen traumatischen Störungen eine ganz besondere Pflege brauchen. Tatsächlich war die Föderation in diesem Punkt erfolgreich, weil sowohl der tschechische Staat als auch ganz besonders die Bundesrepublik Deutschland hierfür Mittel bereitgestellt hat. Eine Schlüsselrolle für die Lösung dieser Aufgabe spielte die „Deutsch-Tschechische Erklärung über die gegenseitigen Beziehungen und deren zukünftige Entwicklung" vom 21. Januar 1997. Wichtig sind in diesem Zusammenhang vor allem auch die Verhandlungen der internationalen Organisation „The Conference on Jewish Material Claims Against Germany" (abgekürzt „Claims Conference"). Diese Organisation war schon im Jahre 1951 von damals 23 nationalen und internationalen jüdischen Organisationen aus acht Ländern in New York gegründet worden.[149] Es geht der Claims Conference, die heute aus 25 jüdischen Organisationen besteht, darum, den jüdischen Opfern des Natio-

---

149 Vgl. z. B. *http://www.claimscon.de/headernavigation-unten/inhalt.html* und *http://www.claimscon.org/regions/eastern-europe/czech-republic/* (jeweils Zugriff am 05.03.2018).

nalsozialismus ein Mindestmaß an Gerechtigkeit dadurch zukommen zu lassen, dass individuelle Entschädigungszahlungen und Mittelzuwendungen an Wohlfahrtsorganisationen, die Sozialleistungen für Überlebende bereitstellen, erfolgen. Neben anderen Zielen strebt sie auch die Entschädigung oder Rückerstattung jüdischen Eigentums an, das während des Holocausts entzogen worden war.

Ein weiterer wichtiger Teil der Tätigkeiten der Föderation jüdischer Gemeinden besteht in der Pflege des jüdischen Kulturerbes. Dabei geht es besonders um die Rettung und Pflege der jüdischen Friedhöfe sowie um die Rekonstruktion und die Erhaltung der Synagogen, was eine langfristige und anspruchsvolle Arbeit bedeutet. Bei der Erfüllung dieser Aufgaben konnten verschiedene Projekte realisiert werden. Der tschechische Staat beteiligte sich an der Finanzierung. Oft arbeiteten lokale Behörden und freiwillige Helfer zusammen. Manchmal gab es sogar auch eine internationale Zusammenarbeit. Zu den auffälligsten Projekten zählt das im Jahre 2014 abgeschlossene Zehn-Sterne-Projekt, das aus Mitteln der Europäischen Union finanziert wurde und das die kostspielige Renovierung beziehungsweise Rekonstruktion von 15 bedeutenden jüdischen Baudenkmälern ermöglicht hat. Wegen deren Standorte in zehn Städten Böhmens, Mährens und (Mährisch-)Schlesiens wurde das Projekt „Zehn-Sterne-Projekt" genannt.[150] Unter diesen zehn Städten sind vier, die sich im Gebiet des ehemaligen Sudetenlands befinden, nämlich Gablonz an der Neiße (Jablonec nad Nisou) und Auscha (Úštěk) bei Leitmeritz (Litoměřice) in Nordböhmen, Nikolsburg (Mikulov) in Mähren und Jägerndorf (Krnov) in Mährisch-Schlesien.

---

150 Vgl. z. B. *http://www.radio.cz/de/rubrik/kultur/zehn-sterne-projekt-juedische-synagogen* … und *www.10hvezd.cz* (jeweils Zugriff am 05.03.2018).

Sebastian Schott

Jüdische Gemeindehäuser und Synagogen in der östlichen Oberpfalz und im angrenzenden Westböhmen (ehemaliger politischer Bezirk Tachau/Tachov) – Anmerkungen zu ihrer Architekturgeschichte und Nutzung

1. Zur Themenstellung

Eine Synagoge bedeutet grundsätzlich nicht ein als solches stilistisch zu bestimmendes Baudenkmal, sondern ist die Versammlungsstätte, in der sich die aus dem Minjan, das heißt aus mindestens zehn – im religiösen Sinne – erwachsenen Männern bestehende Gemeinde zu Gottesdiensten zusammenfindet. Selbst ein Zimmer in einem Privathaus kann und konnte zur Not diesen Zweck erfüllen.

Das griechische Wort Synagoge bedeutet übersetzt Gemeinde und wurde – davon ausgehend – später auch zum Synonym für den Versammlungsort der Gemeinde. Die im Mittelalter in Italien und Deutschland auch „Schule" und „Tempel" genannten Gebäude waren stets mehr als nur ein Treffpunkt zum Gebet, sie bildeten vielmehr das Zentrum für das gesamte jüdische Gemeindeleben.

In ihrer Gebetsrichtung nach Jerusalem – deshalb in Mitteleuropa nach Osten (Misrach) – ausgerichtet, befindet sich dem Eingang im Inneren der Synagogen gegenüber die heilige Lade (Aron ha-Kodesch) mit den Thorarollen. Davor erheben sich das Lesepult des Vorbeters (Omed) und – in orthodoxen Gemeinden meist in der Mitte der Synagoge – „Almemor" oder „Bima", ein umgrenzter, kanzelähnlicher Platz mit einem Pult für die Thoralesung. Ebenfalls vor dem Thoraschrein befindet sich das „Ewige Licht", in Erinnerung an die ewige Gegenwart Gottes. Eine Mechiza (Wand, Mauer, Absperrung) sorgt für räumliche Trennung der Geschlechter an allen Plätzen, an denen jüdisch-religiöse Rituale vollzogen werden (z.B. auch die Klagemauer in Jerusalem; soll Ablenkung und verminderter Konzentration vorbeugen und wird u.a. aus einer Stelle des babylonischen Talmuds hergeleitet). In manchen, vor allem größeren Synagogen gibt es zur Geschlechtertrennung eine Frauenempore. Seit dem 19. Jahrhundert wurde in vielen, insbesondere reformorientierten jüdischen Gemeinden die Mechiza modifiziert oder ganz abgeschafft. In orthodoxen Gemeinden ist sie bzw. die Frauengalerie weiterhin üblich.[151]

Anhand von vier Beispielen – zwei aus der nordöstlichen Oberpfalz und zwei aus dem politischen Bezirk Tachau in Böhmen – soll im Folgenden versucht werden, einige grundlegende Aspekte der Architekturgeschichte und zur Nutzung von jüdischen Gemeindehäusern im bayerisch-böhmischen Grenzgebiet aufzuzeigen.

2. Die Synagoge von Floß

Zu den ältesten und schönsten noch heute existierenden jüdischen Gotteshäusern in der Oberpfalz zählt zweifellos die Synagoge von Floß (Landkreis Neustadt an der Waldnaab [WN.]). Sie stammt, wie fast alle Gebäude des Marktes, aus der Wiederaufbauzeit nach dem verheerenden Brand im April 1813.

Dabei begann die Geschichte der Juden in Floß im späten 17. Jahrhundert, mit der Vertreibung der Juden aus der benachbarten Herrschaft Neustadt/WN./Störnstein des böhmischen Fürsten Ferdinand August von Lobkowitz. Pfalzgraf Christian August von Sulzbach nahm vier jüdische Familien aus Neustadt 1684 als Schutzjuden in Floß auf. Die ersten Floßer Juden wohnten zunächst zur Miete, ehe sie mit Genehmigung der Regierung in Sulzbach auf einer felsigen Anhöhe nördlich des Ortskerns von Floß vier Häuser errichten durften. Hier entstand allmählich eine rein jüdische Siedlung, weswegen der Standort nach einigen Jahrzehnten zunächst im Volksmund, 1763 dann auch offiziell „Judenberg" genannt wurde. Die Floßer Juden waren vor allem als ambulante Woll- und Tuchhändler tätig und nutzten die grenznahe Situation für einen regen Handelsaustausch nach Böhmen.[152]

Der erste, hölzerne Synagogenbau in Floß entstand 1720–22 und wurde, wie bereits erwähnt, 1813 ein Raub der Flammen. Da dieses Gotteshaus sich am Ende des Judenberges befunden hatte und unbequem zu erreichen war, sollte die

---

151 Vgl. *PHILO-LEXIKON, Handbuch des jüdischen Wissens*. Berlin 1936 (Reprint: Frankfurt a. M. 1992), S. 730
152 Vgl. KRAUS, Wolfgang/HAMM, Berndt/SCHWARZ, Meier (Hg.): *Mehr als Steine ... Synagogen-Gedenkband Bayern*. Bd. 1. Gedenkbuch der Synagogen in Deutschland, Synagogue Memorial Jerusalem, Bd. 3: Bayern), Lindenberg 2007, S. 244–245

neue Synagoge auf einem größeren, mitten auf dem Judenberg gelegenen Platz entstehen. Um den Bau zu leiten und durchzuführen, wählte die jüdische Gemeinde eine fünfköpfige Baukommission. Diese sollte insbesondere für die Finanzierung des Baues sorgen und Verhandlungen mit Handwerkern führen. „Vor allem aber mußte sie sich gegen die Königliche Bauinspektion behaupten, deren Haupt der Neustädter Landrichter Lichtenstern war"[153]. Von Anfang an überwachte und kontrollierte Landrichter Karl Franz Reisner Freiherr von Lichtenstern die Planungen und den Bau bis in alle Einzelheiten, insbesondere ohne auf finanzielle Bedenken und Einwände der jüdischen Gemeinde Rücksicht zu nehmen. So bestand er etwa auf der aufwändigen achteckigen Form des Gebäudes.

Zwar hatte die feierliche Grundsteinlegung zum Synagogenbau am 23. März 1815 noch im besten Einvernehmen zwischen jüdischer Gemeinde und Landrichter stattgefunden, doch brach der Konflikt nur zwei Jahre später offen aus, als das Gebäude bereits fast fertiggestellt war. Rabbiner Moses Abraham Wittelshöfer forderte aus rituellen Gründen den Anbau eines Pallisch – eines kleinen Vorraums zum Gebet, zur Reinigung und zur Sammlung vor dem Gottesdienst –, doch der Landrichter wollte diesen „unerhörten Unfug" auf keinen Fall dulden, „da sonst einem der schönsten Monumente des jetzigen Zeitalters eine sehr verunstaltende Pfuscherei höckerartig angehängt würde"[154]. Die Regierung des Obermainkreises entschied jedoch zugunsten der jüdischen Gemeinde, da das „Edikt über die Verhältnisse der jüdischen Glaubensgenossen im Königreiche Baiern" von 1813 den jüdischen Gemeinden als Privatkirchengesellschaften das Recht zur Bestimmung ihrer inneren Verhältnisse zugesprochen habe. „Die jüdische Gemeinde beauftragte daraufhin einen Maurer, der den Vorbau aufführte. Als Lichtenstern davon hörte, eilte er völlig aufgebracht nach Floß, mobilisierte die Bürgerwehr, befahl den sofortigen Abbruch des Pallisch und ließ den Maurer vorübergehend verhaften. Der Rabbiner, in dem der Landrichter den Hauptschuldigen sah, wurde einem strengen Verhör unterworfen und mußte eine Strafe bezahlen"[155]. Die Regierung in Bayreuth stellte sich in dem eskalierten Streit jedoch erneut auf die Seite der jüdischen Gemeinde und erteilte dem

---

153 HÖPFINGER, Renate. *Die Judengemeinde von Floß 1684–1942. Die Geschichte einer jüdischen Landgemeinde in Bayern* (Regensburger Historische Forschungen, Bd. 14). Kallmünz 1993, S. 225
154 Ebenda
155 Ebenda

Landrichter eine strenge Rüge, weil sein Verhalten dem sog. „Judenedikt" widerspreche und weil sein Auftreten zur „Ruhe und Würde, mit welcher die Unterbehörden in Erfüllung ihrer Pflicht zu Werke gehen sollten, in Widerspruch stehe"[156].

Bei Fertigstellung der Synagoge im Jahr 1817 beliefen sich die Baukosten mit 12.000 Gulden auf der doppelten Höhe dessen, was ursprünglich veranschlagt worden war. Das Gotteshaus wurde am 22. August 1817 in einem feierlichen Festakt durch Rabbiner Wittelshöher in Anwesenheit Lichtensterns und zahlreicher Vertreter weltlicher und geistlicher Behörden eingeweiht. Der Landrichter war in einem berittenen Zug von seinem Amtssitz in Neustadt/WN. abgeholt worden.

„Den Plan für die freistehende, klassizistische Synagoge hatte der Baurat Tauber bei der Regierung des Obermainkreises in Bayreuth abgefertigt. Die Synagoge liegt an einem Berghang und erfüllt eine Vorschrift des Talmuds, die in anderen Orten undurchführbar war. Sie verlangte, die Synagoge auf einer erhöhten Stelle zu bauen, so daß das Synagogendach alle anderen Dächer des Ortes überragt. Das Gebäude ist über einem achteckigen Grundriß errichtet, mit der Schauseite zum Markt Floß, nicht zum Judenberg. Der Haupteingang, der angeblich nie benutzt wurde, lag an der Südseite, direkt an der Straße. Man betrat die Synagoge durch einen zweiten Eingang, und vermauerte später den Südeingang. Vor dem westlichen Eingang befand sich der Pallisch, eine Vorhalle mit einem kleinen Fenster, in das zwei kleine Scheiben von feinster Glasmalerei eingesetzt waren. [...]

Auf die Empore, die den Frauen vorbehalten war, gelangte man nur von außen über eine Treppe an der Nordseite. Sie wird innen von zwölf Säulen getragen, auf denen zwölf weitere Säulen ruhen, die das leichte Gewölbe stützen. ‚Charakteristisch für den pfälzischen Typus ist der Einbau umlaufender Emporen, die auf Holzstützen ruhen und ein einfaches, aber in reifen Formen durchgebildetes, aus Brettern ausgesägtes Holzgitterwerk oberhalb der Brüstung aufweisen'. Da sich das gleiche Emporenmotiv in der Floßer Pfarrkirche befand, dürfte es von dort übernommen worden sein. In der Männerabteilung im Erdgeschoß befindet sich an der Ostseite die heilige Lade, die ‚eine Zierde des Ganzen, und von meisterhafter Struktur' ist. ‚Der Grund marmoriert aufgetragen, ist mit schöner Bildhauerarbeit verziert. Der Anblick des Ganzen ist beim Eintritt über-

---

156 Ebenda, S. 226

raschend, und Ehrfurcht gebietend'. Die Sitze und Stände gruppieren sich um den Almemor in der Mitte des Gebäudes"[157]. Der Almemor, ein erhobenes Rondell mit einer Kuppel auf acht Säulen, wurde in der Emanzipationszeit „als ‚polnisches Element', [das] als rückständig und mittelalterlich galt, in vielen Synagogen entfernt, auch in der Floßer Synagoge. Vermutlich geschah dies bei einem Umbau 1867, als man die Plätze neu verteilte und ein neues Sitzverzeichnis anfertigte"[158].

Seit den 1860er Jahren hatte die jüdische Gemeinde Floß zahlreiche Mitglieder verloren, doch zur 250-Jahr-Feier der Gemeinde am 2. Oktober 1934 war das Gotteshaus noch einmal Schauplatz einer großen Feier. Nur vier Jahre später, in der Pogromnacht vom 9./10. November, drangen SA-Leute in das Gebäude ein, zerschlugen die Inneneinrichtung, raubten wertvolle sakrale Gegenstände und warfen auch noch in den kommenden Tagen sämtliche Fenster des Hauses ein. Nur die Außenmauern blieben stehen, die seitdem verfielen. „Private Nachbesitzer nutzten sie zu einem Handwerksbetrieb um. Nach einem erneuten Besitzerwechsel sollte eine Perlmuttknopffabrik eingerichtet werden. Dazu kam es aber nicht. 1963 kaufte der Landesverband der Israelitischen Kultusgemeinden in Bayern die Synagoge zurück. Wegen des schlechten baulichen Zustands war der neue Besitzer bald mit der Frage nach Abbruch oder Instandsetzung konfrontiert. Anfang der 1970er Jahre beschlossen das Bayerische Landesamt für Denkmalpflege, der Landesverband der Israelitischen Kultusgemeinden in Bayern, der Landrat von Neustadt a. d. Waldnaab und der Markt Floß, die Synagoge zu sanieren.

In einer ersten Sanierungsphase um 1980 wurden die gröbsten Schäden seit der Pogromnacht 1938 beseitigt. Eine zweite Phase zwischen 2000 und 2005 führte zu einer grundlegenden Sanierung der Architektur und des Dachstuhls. Das erklärte Ziel der Bauträger war es, das Gebäude in seiner Innenausstattung wieder so herzustellen, wie es im November 1938 ausgesehen hatte. Der traditionelle blaue Sternenhimmel wurde nach Befund ausgeführt. In Israel in den 1970er Jahren gefertigte Glasfenster wurden eingesetzt. Alle hölzernen Bauteile, wie die zwölf marmorierten toskanischen Holzsäulen, Brüstungsfelder und Gesimse der umlaufenden Empore für Frauen, die nur von außen durch einen eigenen Eingang zugänglich ist, wurden in Abstimmung mit dem Landesamt für

---

157 Ebenda, S. 227
158 Ebenda, S. 227–228

Denkmalpflege ergänzt und neu gefasst. Als Grundlage für die Rekonstruktion des Innenraums diente eine überlieferte Innenansicht der Synagoge von 1934. Der von Balusterschranken umschlossene Almemor wurde 1980 ‚im Sinne des älteren Synagogentyps etwa in die Mitte des Saales gestellt'. Die derzeitige Bestuhlung und das einfache Gehäuse des Tora-Schreins wurden 1979/80 während einer Sanierung des Innenraums frei rekonstruiert. Für die Wiederherstellung des kunstvollen Holzgitters der Frauenempore fehlte das Geld.

Das heutige Erscheinungsbild des Synagogeninnentraums ist eine Kompilation auf der Basis der erhaltenen Baupläne von 1816, der Wiederherstellung nach einer Fotografie von 1934, Ergänzungen nach Befund und freier Nachempfindung. Dennoch zählt sie [...] zu den wichtigsten Zeugnissen ehemaligen jüdischen Lebens in der nördlichen Oberpfalz"[159].

3. Das jüdische Gemeindehaus in Weiden

Das zweite auf Oberpfälzer Seite beschriebene jüdische Gemeindehaus der Kultusgemeinde Weiden steht mit den Juden von Floß in enger Verbindung. Die jüdische Gemeinde Weiden zählte, anders als die Gemeinde Floß, zu den jüngeren jüdischen Gemeinden der Oberpfalz. Ihre Geschichte beginnt erst in den 1860er Jahren, als mit der Aufhebung des Matrikelparagraphen des „Judenedikts" von 1813 im Jahr 1861 auch jüdische Bürger in Bayern die volle Freizügigkeit und Niederlassungsfreiheit erhielten. Fast genauso wichtig erwies sich die Gleichstellung von Juden und Nichtjuden bei der Einwanderung nach Bayern im Jahr 1868, hat dies doch die Voraussetzung für die Ansiedlung und die Niederlassung jüdischer Familien aus dem nahen Böhmen geschaffen. Für die Anziehungskraft und Attraktivität Weidens auch für jüdische Menschen sorgte der Eisenbahnanschluss von 1863 und die sich infolgedessen verstärkt in Weiden niederlassenden Gewerbe und Industrien. Dies brachte wiederum einen Nachfrageschub für den Handel, in dem die Mehrheit von Weidens neuen jüdischen Einwohnern tätig war. In ganz überwiegendem Maße entstammte die erste Generation jüdischer Bürger in Weiden der nur 14 Kilometer entfernten – und sich seit der Erklärung der Freizügigkeit für Juden stark im Niedergang befinden-

---

[159] LOHR, Otto/PURIN, Bernhard (Hg.): *Jüdisches Kulturgut. Erkennen – Bewahren – Vermitteln* (MuseumsBausteine Bd. 18). Berlin/München *2017, S. 13*

den – Judengemeinde Floß und dem der Stadt gegenüber liegenden böhmischen Grenzgebiet mit seinen jüdischen Landgemeinden.

Als erstes sichtbares Zeichen für die zunehmende Etablierung und das starke Anwachsen der jüdischen Einwohner kann die Gründung eines Synagogenvereins im Jahr 1889 ausgemacht werden. Er schuf für die seit 1863 dem Rabbinat und der Kultusgemeinde Floß zugehörigen Juden in Weiden nach über 25 Jahren ihrer Ansiedlung in der Stadt eine eigene, nach außen erkennbare und rechtlich abgesicherte Organisationsform und gab insbesondere durch den Synagogen- bzw. Bethausbau der Bedeutung und der Präsenz der in Weiden lebenden Juden sichtbaren Ausdruck.[160]

Bis 1889 nutzten die Weidener Juden ein Zimmer in einem Privathaus als provisorischen Betsaal für ihre religiösen Zusammenkünfte. Für die stark anwachsende jüdische Bevölkerung Weidens (um 1890 bereits 100 Personen), musste diese Regelung natürlich unbefriedigend bleiben, weshalb die Errichtung einer Synagoge – oder genauer eines Gemeindehauses mit Betsaal – eine vordringliche Aufgabe darstellte. Noch im Februar 1889, dem gleichen Monat, in dem er seine Satzung erließ, beauftrage der Synagogenverein den Weidener Baumeister Peter Weiß, einen Bauplan für sein neues Bethaus in der Ringstraße, am Rande der Weidener Innenstadt, zu entwerfen.

Nach nicht einmal fünfmonatiger Bauzeit konnte die Vollendung des neuen Bethauses dem Bezirksamt Neustadt/WN. angezeigt werden. Und am Freitag, dem 20. September 1889 nachmittags, feierte Weidens junge jüdische Gemeinde die Einweihung ihres neuen Gotteshauses durch den Floßer Rabbiner Israel Wittelshöfer. Diesem war zugleich die Ehre zugefallen, die erste Predigt zu halten.

Wie viele Synagogen ländlicher und kleiner jüdischer Gemeinden war auch das Weidener Bethaus als Mehrzweckbau konzipiert. Bedeutet doch schon das hebräische Wort für Synagoge „Beth-ha-knesset" wörtlich „Versammlungshaus", was eben nicht nur einen Ort für Gottesdienste, sondern auch für Gemeinde- und Verwaltungsaufgaben beinhaltet. Neben dem eigentlichen Betsaal und einem kleinen Zimmer im ersten Stock umfasste der zehn Meter breite und 11,70 Meter lange Bau des Synagogenvereins im Hochparterre eine Küche und drei Zimmer sowie eine weitere Küche, ein Zimmer, ein Waschgewölbe und zwei mit Schienengewölbe ausgestattete Keller- bzw. Lagerräume im Souterrain, musste

---

160 Vgl. SCHOTT, Sebastian: *„Weiden a mechtige kehille". Eine jüdische Gemeinde in der Oberpfalz vom Mittelalter bis zur Mitte des 20. Jahrhunderts.* Pressath 1999, S. 443–444

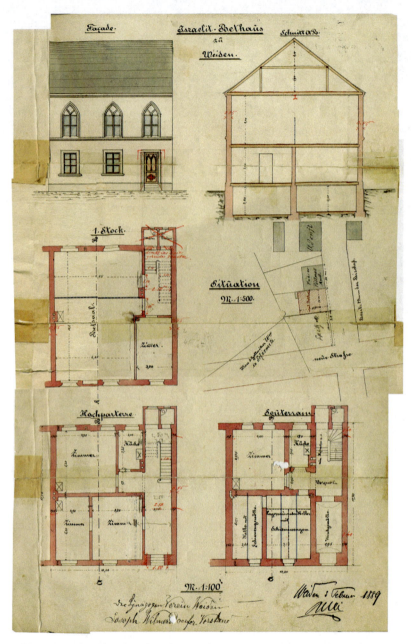

Abb. 1: Bauplan des „Israelitischen Bethauses zu Weiden" aus dem Jahr 1889 (Stadtarchiv Weiden)

das Gebäude doch gleichfalls Platz bieten für ein im Parterre untergebrachtes Schulzimmer samt Lehrerwohnung sowie für eine Hausmeisterwohnung.

Von der Straße her gab die Weidener Synagoge nur durch die neogotischen Fenster im Betsaal im ersten Stock einen Hinweis auf ihren religiösen Zweck und unterschied sich damit von den Nachbarhäusern. Dies erscheint schon deshalb beachtenswert, weil gotische Formen in den Synagogen Deutschlands stets nur eine Randerscheinung darstellten. Von den zwischen 1850 und 1910 erbauten jüdischen Gotteshäusern (das 1936 herausgegebene Philo-Lexikon: Handbuch des jüdischen Wissens, ein letztes großartiges Zeugnis der in Deutschland vor dem Holocaust in höchster Blüte stehenden Wissenschaft des Judentums, spricht bedauernd von einer „Zeit ärgster Bauverirrung"[161]) erhielten während der einzelnen Jahrzehnte nur jeweils zwei bis neun Prozent gotische Merkmale. Wesentlich stärker verbreitet waren der romanische und der sog. maurische Stil, die etwa die Hälfte bzw. ein Viertel der Neubauten dieser Zeit beeinflussten. Die Neogotik wurde vor allem deshalb sehr selten für den Synagogenbau verwendet, weil bei Juden wie Nichtjuden dieser Stil mit „Kirche" identifiziert worden ist. Wo dennoch gotisierende Formen in den jüdischen Sakralbau Eingang gefunden haben, geschah dies meist als Ausdruck der nationalen Zugehörigkeit zum deutschen Volk.

Einen Versuch, das Innere des Weidener Betsaales zu beschreiben, machte Dr. Hermann Strauß, der 1906 geborene Sohn des langjährigen jüdischen Lehrers, Kantors und Schächters Emanuel Strauß: „Im Weidener Betsaal war der Raum für Männer von dem für Frauen durch eine Art Gitter getrennt. Zu meiner Zeit (um 1912 bis 1932) gab es keine Malereien in der Synagoge. Der Fußboden war gewöhnliches Holz, die Decken weiß. Der ‚Almemor' war ein erhöhtes Podium mit einem großen und zwei kleinen Pulten vor dem Schrank, in dem ungefähr 8 Torarollen [sic] standen. Die Vorhänge und Toramäntel waren Seide oder Samt, die je nach Art der Feiertage gewechselt wurden und sehr zur Würde und Feierlichkeit beitrugen"[162]. Neben den Thorarollen besaß die Weidener Gemeinde laut einem Feuerversicherungsschein von 1915 an Ritualien insbesondere auch Silbergeräte und silberne Leuchter im Wert von 750.- RM, Vorhänge und Altardecken im Wert von 300.- RM, je drei Messinglüster und Kandelaber

---

161 PHILO-LEXIKON, S. 736
162 SCHOTT 1999, S. 68

im Wert von 300.- Mark und verschiedene „Bekleidungsstücke zur Gesetzesrolle", ebenfalls im Wert von 300.- RM.[163]

Bereits nach gut 15 Jahren, im Jahr 1905, kam es zu einer umfassenden Sanierung des Weidener Gemeindehauses. Vor allem aufgrund hygienischer Bedenken (wegen der sehr primitiven Abortverhältnisse), des aus allen Nähten platzenden Schulzimmers und infolge mangelnder Feuersicherheit des Betsaales, entschloss sich die Versammlung der jüdischen Gemeinde zu grundlegenden Umbaumaßnahmen: Der Betsaal sollte durch Hinzunahme des angrenzenden, bis dahin vom jüdischen Lehrer benutzten Zimmers vergrößert und von der Frauenabteilung aus eine eiserne Nottreppe nach dem an der Hinterseite gelegenen Hofraum geführt werden; auch wurde das Schulzimmer getüncht (bei Ausnutzung jeden Quadratmeters hatte das Bezirksamt Neustadt/WN. das Schulzimmer für ausreichend groß erklärt). Schließlich wurden im Gebäude die Petroleumlampen durch Gasbeleuchtung ersetzt, und die Abortanlage wurde verändert.[164]

Während des Novemberpogroms 1938 wurde die Inneneinrichtung des jüdischen Gemeindehauses komplett verwüstet und zerstört, alleine die Lage als Reihenhaus rettete das Gebäude vor dem Niederbrennen. Mit Kaufvertrag vom 24. März 1939 erwarb der Zuckerwarenfabrikant Johann Landgraf von der jüdischen Gemeinde das Synagogengebäude für 14.000 RM, die viel zu geringe Kaufsumme wurde – wie bei „Arisierungsverträgen" üblich – auf ein Sperrkonto eingezahlt. Mit der Emigration des letzten Lehrers und Kantors im Juni 1939 brach das Gemeindeleben endgültig zusammen. Nach der Einnahme Weidens durch US-Truppen am 22. April 1945 kamen zahlreiche jüdische „Displaced Persons" (überlebende der Todesmärsche aus dem nahen Konzentrationslager Flossenbürg nach Dachau) in die Stadt, und bald gründete sich ein jüdisches Komitee, das in einem Café (Café Weiß, Johannisstr. 31) seinen Sitz hatte. Als provisorischer Betsaal diente ein Raum in einem Hotel (Hotel Anker). Erst im Herbst 1948 konnten die Juden mit Hilfe der JRSO (Jewish Restitution Successor Organization) die frühere Synagoge in der Ringstraße zurückerwerben, die zu einem Lagerhaus mit Büroräumen für die benachbarte Zuckerwarenfabrik umgewandelt war. „Die Gemeinde musste das Haus grundlegend restaurieren, um hier wieder ein Gemeindezentrum installieren und einen Betsaal einrichten zu

---

163 Siehe ebenda
164 Vgl. ebenda S. 69–70

können"¹⁶⁵. Die Synagoge wurde am 30. Oktober 1948 von Dr. Philipp Auerbach, dem Präsidenten des Landesverbandes der Israelitischen Kultusgemeinden in Bayern, wieder eingeweiht und ist das einzige der hier beschriebenen jüdischen Gotteshäuser, das zu Beginn des 21. Jahrhunderts dauerhaft von einer aktiven jüdischen Gemeinde genutzt wird.

„Von außen mutet das Synagogengebäude mit seinen einfachen, sprossenlosen Fenstern heute eher wie ein einfaches Wohnhaus an. […] Der Thoraschrein aus hellem Holz ist in modernen Formen gestaltet. […] Die Orientierung der heutigen [von osteuropäischen Displaced Persons gegründeten] jüdischen Gemeinde an konservativen liturgischen Maßstäben artikuliert sich in der zentralen Anordnung des quadratischen Almemor.

Abb. 2: Blick in den Betsaal der Jüdischen Gemeinde Weiden mit der Wandbemalung Julian Pfeiffers aus dem Jahren 1948/49

Auffällig ist die reiche farbige und figürliche Bemalung der Wände. Eine rahmende Scheinarchitektur in Gestalt eines ionischen Säulenportikus gewährt Ausblicke in blühende Landschaften, auf die Westmauer („Klagemauer") und andere Motive Jerusalems. Diese sind belebt mit biblischen Szenen. Selbst die Tierkreis-

---

165 KRAUS/HAMM/SCHWARZ 2007, S. 315

zeichen an der Decke erinnern an Israel, spielen sie doch auf dort schon im 19. Jahrhundert entdeckte Fußbodenmosaiken antiker Synagogen (Tiberias, Beth Alfa) an die auch als Vorbild für die ungewohnten menschlichen Darstellungen im synagogalen Bereich dienen. Der jüdische Künstler Julian Pfeiffer aus Bendzin (poln. Będzin) bei Kattowitz (geb. 1913) war nach dem Zweiten Weltkrieg aus dem KZ Buchenwald nach Weiden gekommen und hat vor seiner Auswanderung nach Israel im Juni 1949 diese Wandmalerei geschaffen"[166].

4. Die Synagoge von Tachau

Wie bereits am Beispiel der Synagogen bzw. jüdischen Gemeinden von Floß und Weiden deutlich geworden ist, stand das jüdische Leben zu beiden Seiten des Oberpfälzer bzw. Böhmerwaldes in regem Austausch und Kontakt miteinander, weshalb im Folgenden der Blick anhand von zwei Synagogenbeispielen aus dem ehem. Politischen Bezirk Tachau auf die andere Seite der Grenze gerichtet werden soll.

Tachau gehört zu den Orten Böhmens mit einer der ältesten jüdischen Ansiedlungen. Wohl bereits im 11. Jahrhundert dürften hier Juden gewohnt haben. 1552 gab es fünf jüdische Familien, 1605 bereits 15 jüdische Familien, im Jahr 1890 wurden 286 Menschen und 1930 noch 179 Personen jüdischen Glaubens gezählt. Auch die Tachauer Juden lebten vor allem vom Handel, seit der zweiten Hälfte des 19. Jahrhunderts waren sie aber auch unter den Produzenten der Tachauer Holz-, Knopf- und Perlmuttindustrie in nennenswerter Zahl vertreten. Tachau hatte an der Wende vom 18. zum 19. Jahrhundert eine berühmte Talmud-Thora-Schule. Die Gemeinde brachte eine Reihe bedeutender Rabbiner hervor, darunter Rabbi Wilhelm Stern, der als Rabbiner in Liverpool und Kopenhagen amtierte, oder Max Schornstein, Oberrabiner von Kopenhagen.

Zentrum jüdischen Lebens in Tachau war die Judengasse, später Tempelgasse, südlich des Marktplatzes.[167]

---

166 Ebenda, S. 316
167 Vgl. JANDA-BUSL, Ingrid/BUSL, Franz: *Is gewejn a Folk. Jüdische Gemeinden in Böhmen und der nördlichen Oberpfalz.* Katalog zur gleichnamigen Ausstellung. Weiden 2001, S. 44, und SCHÖN, Josef: *Geschichte der Juden in Tachau und Umgebung.* In: GOLD, Hugo: Die Juden und Judengemeinden Böhmens in Vergangenheit und Gegenwart. I. Brünn/Prag 1934, S. 631

Tachaus alte Synagoge – wohl aus dem 16. Jahrhundert und in der Folgezeit wiederholt umgebaut – stand in der Nähe der Stadtmauer und entsprach bereits Ende des 19. Jahrhunderts nicht mehr den Forderungen der neuen und wachsenden Religionsgemeinde. Deshalb wurde 1906 ein „Tempelbauverein" gegründet, um die finanziellen Mittel zum Bau eines größeren und repräsentativeren Gotteshauses zusammen zu bringen. Nur wenige Jahre später wurde die alte Synagoge – wohl aufgrund räumlicher Beschränkung stand hier der Thoraschrein an der Süd- und nicht wie sonst üblich an der Ostwand – beim Brand der Judengasse am 28. April 1911 komplett zerstört. Aus dem brennenden Gebäude konnten nur die Thorarollen und einige Parochets (Vorhänge vor dem Thoraschrein) gerettet werden. Noch im selben Jahr wurden die Mauern der alten Synagoge abgerissen, und das umliegende Quartier wurde komplett erneuert. Die neue Synagoge wurde 1911–12 zusammen mit dem Gemeindehaus in der Nähe gebaut. Der führende Kopf dieses Projektes war der zu dieser Zeit in Posen lebende jüdische Architekt und Kunsthistoriker Alfred Grotte (1872 Prag – 1943 Ghetto Theresienstadt), ein ausgewiesener Spezialist und Kenner synagogaler Architekturgeschichte.[168] Im November 1911 wurden die von Grotte unentgeltlich ausgearbeiteten Pläne vom Tachauer Magistrat genehmigt, am 2. Dezember der Grundstein gelegt und bereits am 9. September 1912 konnte das neue jüdische Gotteshaus unter Beteiligung vieler offizieller Persönlichkeiten feierlich eingeweiht werden. Das Gebäude im Solitaire- oder Villenstil – „ein architektonischer Prachtbau [...] und [...] eine Sehenswürdigkeit ersten Ranges"[169] – stand an der Ecke der Tempelgasse und einer neu durchbrochenen Quergasse – was freilich einen erheblichen baulichen Eingriff in das mittelalterliche Straßengefüge Tachaus bedeutet hatte: Zur Vorbereitung der Bauparzelle für die Synagoge und das jüdische Gemeindehaus war ein Teil der gotischen Stadtmauer eingerissen worden.

Beim Bau der neuen Synagoge wurde die traditionelle östliche Ausrichtung eingehalten. Sie hatte eine sich stufenartig erhöhende – amphitheatralisch aufgebaute – Frauengalerie mit einer kleinen Orgel. Der Synagogeninnenraum war in drei Schiffe geteilt, wobei sich im Mittelschiff zwei Mosaike befanden, die Moses mit den zehn Geboten und Aaron mit der Räucherpfanne zeigten. Der Almemor

---

168 GROTTE, Alfred: *Deutsche, böhmische und polnische Synagogentypen vom XI. bis zum Anfang des XIX. Jahrhunderts.* Berlin 1915 (Reprint: Domažlice 2013)
169 SCHÖN, Josef: *Die Geschichte der Juden in Tachau.* Brünn 1927, S. 64

war aus massivem Stein und von jeder Seite über drei Stufen zu betreten. Von der Einrichtung der alten Synagoge wurde nur eine Messingsparbüchse für Liebesgaben in Form einer gestreckten Hand und ein Kijor, ein Waschbecken zur rituellen Reinigung der Hände (im Vorraum Pallisch), mit der Jahreszahl 1738/39 übernommen. Das bedeutendste Element des Innenraums war jedoch der Thoraschrein, der aus der gerade geschlossenen Synagoge in Neuzedlisch nach Tachau übertragen wurde. Er stammte aus dem 18. Jahrhundert und besaß ein reichgegliedertes Schnitzwerk. Über dem Thoraschrein waren drei Fenster angeordnet, welche eine Allegorie der Erscheinung am Sinai darstellten. Der Raum vor dem Thoraschrein war von einer mächtigen Steinbalustrade abgeschlossen, die gleichzeitig als Kanzel diente. Auch ein kunstschmiedeeisernes Gitter welches den Almemor einsäumte, war aus der Neuzedlischer Synagoge.[170]

Abb. 3: Die 1911–12 im Solitairestil errichtete neue Synagoge von Tachau

Die neue Tachauer Synagoge bestand nur gute 25 Jahre lang. Wenige Wochen nach dem Anschluss des Sudetenlandes an das Deutsche Reich sollte sich auch in Westböhmen die ganze Brutalität des NS-Regimes offen zeigen. Während des Pogroms vom 9. November 1938 wurde das Tachauer jüdische Gotteshaus aus-

---

170 Vgl. *SCHÖN* 1927, S. 64–66

geplündert und in Brand gesetzt. Von der Innenausstattung blieb nichts erhalten, die Mauern der Ruine wurden in den darauf folgenden Monaten abgebrochen und das Grundstück in einen Garten umgewandelt. Nur ein Rest eines Metallzaunes im Jugendstil erinnert heute noch an dieses bedeutende Gebäude.[171]

5. Die Synagoge von Schönwald

Wie das Beispiel der bereits erwähnten jüdischen Gemeinde des Ortes Neuzedlisch bei Tachau zeigt, verloren mit der Emanzipation der Juden in der Österreichischen Monarchie (1849 Niederlassungsfreiheit und bis 1867 volle bürgerliche und politische Emanzipation) zahlreiche jüdische Landgemeinden in Westböhmen ihre Existenzgrundlage. Eine ähnliche Entwicklung ließ sich auf der bayerischen Seite der Grenze an der jüdischen Gemeinde Floß aufzeigen. Für den Kreis Tachau kann als pars pro toto das Schicksal der jüdischen Gemeinde Schönwald und ihrer Synagoge stehen. Das Alter der jüdischen Siedlung in diesem etwa sieben Kilometer südwestlich von Tachau gelegenen Dorf ist nicht genau bekannt. Die ersten jüdischen Familien wurden von der Obrigkeit – Schloss Schönwald war seit dem Jahr 1555 im Besitz der Egerer Ritter und späteren Freiherren Schirndinger von Schirnding – wohl noch vor 1618 angesiedelt.

Auch die Schönwalder Juden lebten vorwiegend vom Handel, unter anderem als Hausierer, Pottasche- oder Rohproduktenhändler. Jüdische Pächter betrieben die herrschaftliche Branntweinbrennerei und Pottaschesiederei. Die umliegenden Glashütten in Goldbach, Altfürstenhütte, Waldheim und zum Teil bis nach Bayern hinüber hatten ebenfalls vielfach jüdische Pächter, die zumeist aus Tachau stammten und sich nicht zu den Mitgliedern der Gemeinde Schönwald zählten. Doch scheinen sie die dort ansässigen Juden geschäftlich unterstützt zu haben.[172]

Ursprünglich waren den Juden in Schönwald fünf Häuser zugewiesen, doch um 1850 lebten 16 jüdische Familien mit 98 Personen in diesem Dorf. Bereits in den 1860er Jahren, mit der Emanzipation, ging die jüdische Bevölkerungszahl des Ortes deutlich zurück. Im Jahr 1880 wohnten nur noch fünf Familien mit 39 Köpfen in Schönwald, im Jahr 1892 wurde die Kultusgemeinde aufgelöst und Tachau zugeteilt, 1900 gab es noch vier jüdische Familien. Die letzte jüdische Familie verließ Schönwald kurz nach 1930 und zog nach Prag.[173]

---

171 Vgl. FIEDLER, Jiří: *Jüdische Denkmäler der Tachauer Region*. Domažlice 1998, S. 81–83
172 Vgl. SCHÖN 1934, S. 642
173 Vgl. SCHÖN 1934, S. 643, und FIEDLER 1998, S. 90–92

Die Synagoge von Schönwald befand sich im Norden des Dorfes, unter dem Damm des sog. Schmiedweihers. Über ihre Entstehung gibt es keine schriftlichen Quellen, doch Alfred Grotte vermutete aufgrund ähnlicher architektonischer Details, dass das Gebäude (oder dessen Umbau in eine Synagoge) von demselben Baumeister verwirklicht worden sein könnte, der 1787 die spätbarocken Umbauten des Schlosses der Schirnding vollendete. Das Gotteshaus war ein monumentales Gebäude mit einem Mansarddach, die Außenmauern wurden von senkrechten Lisenen gegliedert. Im Erdgeschoss befanden sich die Wohnung des Kantors und ein überwölbtes Ritualbad (Mikwe). Im ersten Stock führten zwei Türen zu zwei voneinander getrennten Beträumen. Der mit einem hölzernen Scheingewölbe überspannte Saal für die Männer mit sechs Fenstern in drei Himmelsrichtungen hatte an der Ostseite einen barock-klassizistischen Thoraschrein mit vier Rundsäulen an den Seiten. Inmitten des Saales stand ein erhöhter Almemor. Die Synagoge hatte keine Frauengalerie, die Frauenabteilung bildete vielmehr das Nachbarzimmer im ersten Stock. Durch drei offene Bogenfenster konnten die Frauen dem Gottesdienst in der Männerabteilung folgen.

Abb. 4: Blick auf das Synagogengebäude von Schönwald um 1900

Bereits 1890 verkaufte die jüdische Gemeinde ihr Gotteshaus an ihren Glaubensbruder Elias Schmid unter der Bedingung, dass der erste Stock auch weiterhin für religiöse Handlungen zur Verfügung stehen musste. Spätestens nach dem Ersten Weltkrieg wurden jedoch keine Gottesdienste mehr in dem Gebäude abgehalten, weshalb dieses „Servitut", wie man im alten Österreich Dienstbarkeiten nannte, 1927 gelöscht und das Haus von einem nichtjüdischen Nachbarn erworben wurde. Dieser wandelte den ersten Sock in eine Wohnung um. Heute existiert das Haus zwar noch, es ist jedoch innen und außen zu einem einfachen Wohnhaus umgestaltet. Die Fassade hat alle ihre ursprünglichen Stilelemente verloren, und auch das Mansarddach wurde durch ein Satteldach ersetzt.[174]

6. Fazit

Anhand von vier Beispielen wurde aufgezeigt, dass es sich bei den Synagogen im oberpfälzisch-westböhmischen Grenzgebiet sowohl hinsichtlich ihrer architektonischen Gestaltung wie auch ihrer Nutzung um höchst unterschiedliche und vielfältige Gebäude handelte: reine Sakralbauten zum Abhalten von Gottesdiensten (Floß/Tachau) oder als Mehrzweckbauten konzipierte Gemeindehäuser (Weiden/Schönwald). Es konnten sehr schlichte Häuser oder Gebäude in den modernsten architektonischen Stilen ihrer Zeit (Klassizismus – Floß; Solitairestil – Tachau) sein, wobei es wohl vor allem dem jüdischen Kunsthistoriker und ausgewiesenem Kenner synagogaler Architektur Alfred Grotte zu verdanken ist, dass die neue Synagoge in Tachau nicht in der vor allem von nichtjüdischen Architekten zu dieser Zeit bevorzugt für Synagogenbauten aufgenommenen orientalisierenden Architektur, dem sog. maurischen Stil, errichtet worden ist. In Floß wollte Landrichter von Lichtenstern mit seinem Bestehen auf dem klassizistischen Stil, der zu dieser Zeit modern, klar und schnörkellos war, ganz bewusst ein Zeichen dafür setzen, dass nun auch für die jüdische Gemeinde die Zeit der Aufklärung und des Fortschrittes geschlagen habe. Freilich wurde nicht nur den Floßer Juden ihre Bereitschaft, sich in die Mehrheitsgesellschaft vorbildlich zu integrieren, von dieser schlecht gedankt. Und es ist bezeichnend, dass von den vier vorgestellten jüdischen Gotteshäusern heute nur noch ein einziges, nämlich das von Weiden, von einer jüdischen Gemeinde entsprechend seinem ursprünglichen Zweck genutzt wird.

---

174 Vgl. FIEDLER 1998, S. 92, und SCHÖN 1934, S. 643

Literatur:

FIEDLER, Jiří: *Jüdische Denkmäler der Tachauer Region*. Domažlice 1998

GROTTE, Alfred: *Deutsche, böhmische und polnische Synagogentypen vom XI. bis zum Anfang des XIX. Jahrhunderts*. Berlin 1915 (Reprint: Domažlice 2013)

HÖPFINGER, Renate: *Die Judengemeinde von Floß 1684–1942. Die Geschichte einer jüdischen Landgemeinde in Bayern* (Regensburger Historische Forschungen Bd. 14). Kallmünz 1993

JANDA-BUSL, Ingild/BUSL, Franz: *Is gewejn a Folk. Jüdische Gemeinden in Böhmen und der nördlichen Oberpfalz*. Katalog zur gleichnamigen Ausstellung. Weiden 2001

KRAUS, Wolfgang/HAMM, Berndt/SCHWARZ, Meier (Hg.): *Mehr als Steine… Synagogen-Gedenkband Bayern*. Bd. 1 (Gedenkbuch der Synagogen in Deutschland, Synagogue Memorial Jerusalem Bd. 3: Bayern). Lindenberg 2007

LOHR, Otto/PURIN, Bernhard (Hg.): *Jüdisches Kulturgut. Erkennen – Bewahren – Vermitteln* (MuseumsBausteine Bd. 18). Berlin/München 2017

PHILO-LEXIKON. *Handbuch des jüdischen Wissens*. Berlin 1936 (Reprint: Frankfurt a. M. 1992)

SCHÖN, Josef: *Die Geschichte der Juden in Tachau*. Brünn 1927

SCHÖN, Josef: *Geschichte der Juden in Tachau und Umgebung*. In: GOLD, Hugo: Die Juden und Judengemeinden Böhmens in Vergangenheit und Gegenwart. I. Brünn/Prag 1934, S. 631–645

SCHOTT, Sebastian: *„Weiden a mechtige kehille". Eine jüdische Gemeinde in der Oberpfalz vom Mittelalter bis zur Mitte des 20. Jahrhunderts*. Pressath 1999

Wolf-Dieter Hamperl

Jüdische Spuren im ehemaligen politischen Bezirk Tachau (tschechisch: Tachov)[175]

Jüdisches Leben ist seit der ersten Hälfte des 14. Jahrhunderts im ehemaligen Bezirk Tachau nachweisbar. Eine der ältesten jüdischen Gemeinden soll in Neustadtl (Stráž) bestanden haben (Abb. 1). Man nimmt an, dass sich dort schon um 1350 Juden angesiedelt haben. Als Grund dafür werden die Pogrome (damals „juden slagen" genannt) in weiten Teilen Mitteleuropas im Gefolge der Pestepidemie von 1348–50 angeführt, die eine Flucht zahlreicher Juden aus Franken und Bayern nach Böhmen auslösten.[176]

1. Bevölkerung

Die in regelmäßigen Abständen stattgefundenen Volkszählungen im Königreich Böhmen und in der Ersten Tschechoslowakischen Republik geben einen guten Überblick über die Bevölkerungsentwicklung der Juden in unserem Kreisgebiet. Im Jahre 1890 lebten in den Amtsgerichtsbezirken Pfraumberg (Přimda) und Tachau in 26 Ortschaften 750 jüdische Bürger. Dies waren etwa 2,3 % der Gesamtbevölkerung dieser beiden Bezirke. Bevorzugt waren Siedlungen entlang der böhmisch-bayerischen Grenze (Tab. 1). Schwerpunkte waren die Städte Tachau und Neustadtl.

Die Zahl der jüdischen Bürger nahm aber in der Folgezeit absolut und relativ beständig ab: auf 637 im Jahre 1900 (1,5 %), 530 im Jahre 1910 (1,0 %) und

---

175 Großer Dank gebührt Dipl.-Ing, Václav Fred Chvatal vom Museum Český Les in Tachau (Tachov). Ihm verdankt der Autor viele Informationen über die jüdischen Friedhöfe. Chvatal gehörte zu dem Team um Dr. Hutnikova, das für den Erhalt, die Dokumentation und die Renovierung der jüdischen Friedhöfe im Kreis Tachau (Tachov) zuständig war und ist. Das vorbildliche Projekt wurde u. a. von der Aktion Sühnezeichen und vom Bayerischen Staat unterstützt.
176 KLIMSA, Oberlehrer W./POLAK-ROKYCANNA, Jaroslav: *Geschichte der Juden in Neustadtl am Klinger*. In: GOLD, Hugo: Die Juden und die Judengemeinden Böhmens in Vergangenheit und Gegenwart. Brünn, Prag 1934, S. 457

312 im Jahre 1930 (0,76 %). Die Gründe für diesen rapiden Rückgang der jüdischen Bevölkerungszahlen waren die Abwanderung innerhalb Böhmens bzw. ab 1919 innerhalb der Tschechoslowakei, eine gewisse Emigration insbesondere in die USA, eine etwas geringere Geburtenzahl als unter Deutschen und Tschechen sowie die Assimilation durch gemischte Ehen mit Nichtjuden.

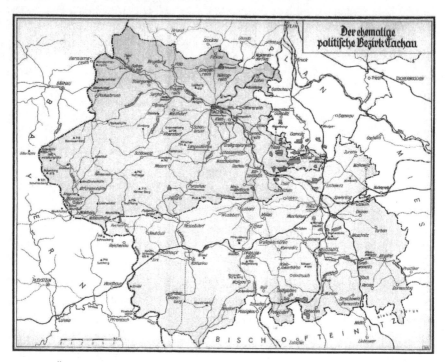

Abb. 1: Übersichtskarte des ehemaligen politischen Bezirks Tachau (Tachov) im südlichen Egerland

Außer in Neustadtl und Tachau bestanden im Lauf der Geschichte Synagogen auch in Schönwald (Lesná), Purschau (Pořejov), Neuzedlisch (Nové Sedliště) und Pernartitz (Bernartice). Nach dem Ersten Weltkrieg gab es nur noch in den beiden erstgenannten Orten Synagogen. Diese wurden bei den Pogromen am 10. November 1938 abgerissen oder angezündet. Jüdische Friedhöfe künden heute noch in Neustadtl, Purschau, Neuzedlisch, Langendörflas (Dlouhý Újezd) und Tachau von den einstigen jüdischen Gemeinden. Um ihr Leben zu retten, hatte die jüdische Bevölkerung überwiegend schon bis Ende September 1938 infolge des Münchner Abkommens vom 30. September 1938 das Kreisgebiet verlassen. Diese Flucht war nicht direkt erzwungen, aber sie geschah angesichts einer sonst unmittelbar drohenden Verfolgung und Entrechtung und sie war von einer weitgehenden Enteignung begleitet. Insofern handelte es sich um eine Vertreibung – die erste überlieferte Vertreibung von Menschen aus der Tachauer Region.

2. Jüdische Spuren (meistens Friedhöfe)

2.1 Neustadtl am Klinger (Stráž)

Die Gemeinde in Neustadtl soll auf Grund von Pogromen im nahen Franken und Bayern Ende des 13. Jahrhunderts[177] und der dadurch ausgelösten Flucht von Juden als eine der ältesten jüdischen Ansiedlungen in Böhmen entstanden sein. Im Jahr 1331 verlieh der böhmische König Johann der Ansiedlung Stráž („Wache") die Stadtrechte. In diesem Vertrag trat er „die Einnahmen von den Juden" an die Stadt ab. Es waren also zu dieser Zeit bereits Juden hier ansässig.[178,179] Auch auf dem Friedhof waren Grabsteine aus der Zeit von 1330 bis 1350 nachweisbar.[180,181] Es kann angenommen werden, dass die jüdische Gemeinde von Neustadtl vom frühen 14. Jahrhundert bis 1938 bestanden hat.

Westlich der Stadtmauern an der alten Straße von Pfraumberg nach Kladrau (Kladruby) erstreckte sich die große „Judenvorstadt". Hier waren 1580 schon 16 Familien nachweisbar. Ihre größte Zahl erreichte die jüdische Gemeinde im Jahre 1880 mit 76 Personen. 1930 lebten hier noch 31 Juden. Nach dem Zweiten Weltkrieg kehrten nur mehr zwei Juden nach Neustadtl zurück.[182]

Die alte Synagoge stand hinter dem Haus Nr. 200 (Abb. 2). Sie wurde beim großen Stadtbrand von 1876 ein Raub der Flammen wie 118 andere Häuser. Die Synagoge und die jüdischen Häuser wurden wieder aufgebaut. 1938 wurde sie von Nazis angezündet und ihre Inneneinrichtung zerstört. Von der Synagoge ist

---

177 Offenbar handelt es sich dabei um die sog. Rintfleisch-Verfolgung des Jahres 1298 mit 4000 bis 5000 ermordeten Juden in Franken und in der Oberpfalz.
178 KÖPPL, Christian: *Chronik der Stadt Neustadtl, von den Anfängen bis 1875*. Stift Tepl 1875, Manuskript, S. 27
179 FIEDLER, Jiři/CHVATAL, Vaclav Fred: *Jüdische Denkmäler im Tachauer, Planer und Mieser Land*. Domažlice (Taus) 2008, S. 129
180 LANG, Josef: *Geschichte der Juden in Neustadtl am Klinger*. In: LORENZ, Walter (Hrsg.): Heimatbuch Neustadtl, Kreis Tachau im Egerland: Wie's daheim war. Neuhof 1988, S. 164.
181 FIEDLER/CHVATAL 2008, S. 137
182 LANG 1988, S. 164

lediglich die Nordwestwand mit einem rituellen Wasserbecken (Kijor) erhalten. Viele der ehemaligen Häuser der „Judenvorstadt" stehen heute noch, in renoviertem Zustand.

Abb. 2: Haus Nr. 200 in der Judenstadt in Neustadtl (Stráž); im Hof von Haus Nr. 200 stand die Synagoge.

Der jüdische Friedhof von Neustadtl liegt weit außerhalb des Ortes, unweit der alten Straße von Zummern (Souměř) nach Neustadtl. Heute sind nur mehr Reste der Friedhofsmauern erhalten. Das Eingangstor ist gut erkennbar, das Innere des Friedhofs ist mit Bäumen und Sträuchern zugewachsen. Nach den Angaben von Franz Radl (Neustadtl, später Trostberg/Oberbayern) wurde der Friedhof Anfang der 1930er Jahre auf Betreiben von Rudolf Holzer renoviert. Es wurden Grabsteine aufgerichtet, ein Plan angelegt und Franz Radl beauftragt, die einzelnen Grabsteine mit roter Farbe zu nummerieren.[183] Die Abbildungen 3 und 4 dieses Artikels zeigen die Größe der Anlage. Allein in den Jahren von 1784 bis 1837 wurden nach Angaben der Matrikeln ca. 800 Verstorbene hier beerdigt. Wenn man die Zeit von ca. 1350 bis 1784 und die Jahre nach 1784 auch noch berücksichtigt, so wurden hier mehr als 1.000 Juden bestattet.[184] Auf diesem

---

183 Brief von Franz Radler vom 20. Juli 1988 an den Autor.
184 FIEDLER/CHVATAL 2008, S. 138

Friedhof fanden die verstorbenen Juden von Neustadtl, Haid (Bor), Pernartitz, Weißensulz (Bělá), Pfraumberg, Elsch (Olešná) und weiteren Orten ihre letzte Ruhe. Nach 1938 wurden die neueren Grabsteine gestohlen. Viele alte wertvolle Grabsteine wurden beim Bau eines örtlichen, Holz verarbeitenden Betriebs verwendet.

Abb. 3: Eingangstor des jüdischen Friedhofs von Neustadtl (Stráž). Foto: Fotoatelier Fleißner. Tachau, 1931

Abb. 4: Blick in den jüdischen Friedhof von Neustadtl (Stráž) mit dem Areal der neueren Grabsteine. Foto: Karin Wilck, 2017

Der Raubbau ging nach 1945 weiter. Nach Angaben des 2016 verstorbenen Dekans Vladimir Born wurden mit Grabsteinen von hier Hohlwege aufgefüllt und Straßen befestigt. Während vor ca. 50 Jahren noch 40 Grabsteine vorhanden gewesen sein sollen, findet man heute im Strauchwerk nur noch sechs, wobei der älteste aus dem Jahr 1600, der jüngste von 1870 stammt.

Im Jahre 2006 wurde der Friedhof vom tschechischen Staat zum immobilen Kulturgut erklärt.[185]

2.2 Pernartitz (Bernartice)

Pernartitz zählte im Jahre 1890 21 jüdische Einwohner, 1910 waren es 11 und 1930 nur noch drei (Tab. 1). Am Weg nach Dehenten (Dehetné) befand sich an der Stelle des Hauses Nr. 38 die Synagoge. Ein Mauerrest ist heute noch erhalten (Abb. 5).[186]

Abb. 5: Mauerrest der ehemaligen Synagoge von Pernartitz (Bernartice), Haus Nr. 38. Foto: Karin Wilck, 2017

---

185 FIEDLER/CHVATAL 2008, S. 139
186 FIEDLER/CHVATAL 2008, S. 43

2.3 Haid (Bor)

In Haid befand sich das Schloss der Herrschaft der seit 1720 hier residierenden Reichsfürsten zu Löwenstein-Wertheim-Rosenberg. Das Städtchen zählte im Jahre 1870 23 Juden bei 1.680 Einwohnern insgesamt, 1880 waren 66 von 1.988 Einwohnern jüdisch und 1890 waren es 72 von 1.870. Im Jahr 1910 lebten hier noch 55 Juden, 1930 nur noch 20 (Tab. 1).[187] Die Haider Juden hatten einen eigenen Betsaal. Das stattliche Anwesen Fleischgasse Nr. 7 hatte der jüdische Kaufmann Josef Rauscher in den Jahren 1908 und 1909 bauen lassen (Abb. 6). Das an dieses Haus angebaute Anwesen mit der Hausnummer 8 war das jüdische Bethaus, das im Jahre 1895 von Josef Rauscher an Stelle seines Wohnhauses errichtet wurde. Es war ein eingeschossiger, höherer Bau mit rundbogigen Fenstern, ähnlich einer Synagoge.

Abb. 6: Das stattliche Wohnhaus des jüdischen Kaufmanns Josef Rauscher in Haid (Bor). Rechts war der Betsaal angebaut, der vor der Einnahme der Stadt durch die US-Amerikaner am 3. Mai 1945 durch ein Artilleriegeschoss stark beschädigt wurde. Heute steht an seiner Stelle ein einstöckiges Wohnhaus. Foto: Karin Wilck, 2017.

---

187 HAMPERL, Wolf-Dieter (Hrsg.): *Haider Pfarrchronik, Bd. II, 1777–1945.* Altenmarkt 2013, S. 28

Das Bethaus wurde am 31. August 1895 eingeweiht. Josef Rauscher bestimmte in seinem Testament, dass das Gebäude an die Stadtverwaltung gehe, falls in Haid kein Jude mehr wohne. In der Reichspogromnacht wollte man das Gebäude anzünden. Umsichtige Bürger der Stadt konnten aber die Nazis davon überzeugen, dass die landwirtschaftlichen Gebäude in der unmittelbaren Nähe des Bethauses dann nicht zu retten wären. Daraufhin wurde das Innere des Betsaals demoliert.[188, 189]

2.4 Neuzedlisch (Nové Sedliště)

Juden sind in Neuzedlisch (552 Einwohner im Jahre 1938) von der ersten Hälfte des 17. Jahrhunderts bis 1938 nachweisbar. Im Jahre 1654 lebten hier zwei Familien. 1703 wurde die erste Synagoge errichtet (Haus Nr. 93), 1788 erfolgte ein Neubau mit Rabbinerwohnung und Schule. 1838 waren es 46 Familien und 1930 drei Personen (Familie Glaser). In der israelitischen Kultusgemeinde (IKG) Neuzedlisch waren die Juden der Orte Neu- und Altzedlisch (Staré Sedliště) und Labant (Labuť) eingemeindet. 1890 wurde die jüdische Gemeinde Purschau der IKG Neuzedlisch angegliedert (s. auch unten Abschnitt 2.5). Im Jahre 1911 wurde die Synagoge in Neuzedlisch geschlossen. Ihre wertvollen Einrichtungsgegenstände wurden an die Synagoge in Tachau verkauft. 1914 wurde die IKG Neuzedlisch aufgegeben und der IKG Tachau angeschlossen.

Der jüdische Friedhof von Neuzedlisch liegt an einem Bach knapp außerhalb des Ortes. Er ist sehr schwer zu finden. Die Grabsteine weisen Jahreszahlen von 1703 bis 1917 auf. Der Friedhof umfasst eine Fläche von etwa 1.000 qm, ist an einem Hang gelegen und langgestreckt. Die Friedhofsmauer wurde 1771 errichtet. Der Friedhof wurde nie demoliert und von den Grabsteinen sind noch überraschend viele erhalten. Ihre Qualität ist derjenigen der Grabsteine der Friedhöfe von Purschau (Pořejov) (s. unten Abschnitt 2.5) und Langendörflas (Dlouhý Újezd) (s. unten 2.6) ähnlich. Der Friedhof wurde in den Jahren 2005 und 2006 unter Leitung des Museums Český Les in Tachau instandgesetzt und vom tschechischen Staat zum immobilen Kulturgut erklärt (Abb. 7).[190]

---

188 FIEDLER/CHVATAL 2008, S. 54
189 Persönliche Mitteilung von Hildegard Preiß 1999
190 FIEDLER/CHVATAL 2008, S. 98. SCHUSTER, Franz: *Tachau-Pfraumberger Heimat.* Weiden 1962, S. 196

Abb. 7: Der jüdische Friedhof von Neuzedlisch (Nové Sedliště). Der Friedhof besitzt noch viele Grabsteine aus den Jahren 1771 bis 1917. Er wurde im Jahre 2006 restauriert und ist immobiles Kulturgut. Foto: Karin Wilck, 2017

2.5 Purschau (Pořejov)

In dem Ort, der zum alten Rittergut Purschau gehörte, lebten von der ersten Hälfte des 17. Jahrhunderts bis 1937 auch einige Juden. Bereits im Jahr 1654 wohnten hier zwei jüdische Familien. 1860 wurden 95, 1930 aber nur mehr sechs Personen gezählt. Im Jahre 1937 verließ die letzte jüdische Familie, die Familie Löwy, Purschau und zog nach Tachau.

Die jüdische Gemeinde von Purschau hatte einst Teile des alten Schlosses in Purschau erworben und diese in eine Synagoge umgebaut.

Zur jüdischen Kultusgemeinde von Purschau gehörten nicht nur die Juden von Purschau, sondern auch noch diejenigen von Wosant (Bažantov), Schönwald (Lesná) und Schossenreith (Častkov). Im Jahre 1890 wurde die jüdische Kultusgemeinde Purschau derjenigen von Neuzedlisch angegliedert (s. oben Abschnitt 2.4). Der Friedhof wurde im Jahre 1912 von der IKG Tachau übernommen. Im Jahre 1919 wurde die Synagoge von der IKG Tachau an die Gemeinde Purschau verkauft. Nach dem Zweiten Weltkrieg und der Vertreibung der Bevölkerung ist der Ort Purschau verschwunden. Der jüdische Friedhof von Purschau liegt etwa einen Kilometer vom Ort entfernt, unmittelbar an der Grenze zur Gemeinde Petlarn (Žebráky), versteckt in einem Wald, ungefähr 80 m von der Straße entfernt. Er wurde um 1770 angelegt und im Jahre 1835 erweitert. Nach den Matrikeln liegen mindestens 300 Tote hier begraben. Der Friedhof wurde im Jahre 2003 unter der Leitung des Museums Česky Les renoviert und inventarisiert. 76 Grabsteine waren gefunden und aufgerichtet worden. Sie zeigen vor allem barocke Formen. Auffallend ist der ungewöhnlich hohe Anteil an Leviten. Die Grabsteine weisen Jahreszahlen zwischen 1706 und 1937 auf (Abb. 8).[191]

Abb. 8: Jüdischer Friedhof von Purschau (Pořejov). Foto: Karin Wilck, 2017

2.6 Langendörflas (Dlouhý Újezd)

In Langendörflas (647 Einwohner insgesamt im Jahre 1938) sind jüdische Bewohner von etwa 1650 bis 1913 nachweisbar. 1724 lebten hier 11 Familien,

---

191 FIEDLER/CHVATAL 2008, S. 116. HAMPERL, Wolf-Dieter: *Die verschwundenen Dörfer im ehemaligen Bezirk Tachau im südlichen Egerland*. Altenmarkt 2008, S. 300

1793 15 Familien mit 71 Personen, 1880 70 Personen (12,5 % aller Einwohner), aber 1890 nur noch 27 und 1900 sogar nur 3 Personen. Die IKG verfügte über einen kleinen Betsaal. Eingemeindet waren die Juden von Schönbrunn (Studánka), Tissa (Tisová) und weiter entfernten Orten wie Hals (Halže), Maschakotten (Maršovy Chody), Paulusbrunn (Pavlův Studenec) und Brand (Milíře). Der Friedhof liegt etwa 400 m südwestlich des westlichsten Hauses des Ortes auf einer leichten Anhöhe („Judenbühl"), 70 m südlich des Weges. Seine Mauer ist noch etwa 70 cm hoch. 210 Grabsteine sind erhalten, datiert auf die Zeit zwischen 1736 und 1920. Sie stellen gute Beispiele für den barocken und den klassizistischen Stil dar. Der Friedhof ist insgesamt in einem sehr guten Zustand und stellt ein würdiges Kulturdenkmal dar. Im Jahre 2006 wurde er unter Leitung des Museums Český Les[192] restauriert (Abb. 9).[193]

Abb. 9: Barocke Grabsteine im jüdischen Friedhof von Langendörflas (Dlouhý Újezd). Foto: Sebastian Schott, vor 2006

---

192 Český Les ist der tschechische Name des Oberpfälzer Waldes.
193 FIEDLER/CHVATAL 2008, S. 62

2.7 Tachau (Tachov)

In der Kladrauer Gründungsurkunde des Jahres 1115 wird Tachau als „Tahoue" erstmals erwähnt. Um 1450 existierte bereits ein Judenviertel innerhalb der Stadtmauer nahe der Mies.[194] Der heute noch vorhandene alte Friedhof wurde um 1600 angelegt und mehrfach erweitert. Er umfasste zuletzt eine Fläche von 2.526 qm, der Haupteingang lag im Westen. Direkt hinter dem Eingangstor befanden sich die Ehrengräber der Rabbiner, darunter das Grab von Nachum Sofer, der 1815 in Tachau gestorben ist. Erst einhundert Jahre später, als etwa 3.000 Juden aus Galizien in der Stadt untergebracht wurden, wurde er als Wunderrabbi benannt. Sein Grab, das mit einer schmiedeeisernen Einfassung versehen war, wurde zum Wallfahrtsort erklärt.

In der Zeit des Nationalsozialismus wurden die Grabsteine umgeworfen, einige moderne Steine wurden auch entwendet. Nach 1948 nahm der Friedhof Schaden durch Beschuss[195] seitens des tschechoslowakischen Heeres, weil in einem Grab ein Geheimsender vermutet wurde. Infolge des Baus einer Straße den Berg hinauf zu einem neuen Wohngebiet und infolge der Anlage einer überbreiten Straßenkreuzung im Jahr 1963 wurden die westliche Friedhofsmauer und fünf Reihen von Grabsteinen zerstört und entfernt. Die Grabsteine sind nicht mehr auffindbar. Über diesem Areal wurde ein eingeschossiger Bürotrakt errichtet.

Im Jahre 1983 bestand der Plan, den jüdischen Friedhof vollständig zu beseitigen. Ein großes Straßenbauprojekt sollte verwirklicht werden. Bei Vorarbeiten wurden im Jahre 1988 vierzig wertvolle Grabsteine zum jüdischen Friedhof nach Marienbad gebracht, neun davon stammten aus dem 17. Jahrhundert. Die übrigen Grabsteine sollten in einer schon ausgehobenen Grube verschwinden. Vorübergehende Finanzierungsprobleme und schließlich die politische Wende 1990 retteten den Bestand des Restfriedhofs.[196]

In den Jahren 1991 und 1992 wurden die Grabsteine auf Kosten der Stadt wieder aufgerichtet (Abb. 10). Ein kleiner Hügel mit einem quadratischen Gedenkstein aus Messing wurde errichtet, auch dank des Engagements des Ersten Bürgermeisters von Tachov (Tachau). Dieser hieß Reinhold Wetzler, war Mathe-

---

194 SCHUSTER 1962, S. 29
195 FIEDLER/CHVATAL 2008, S. 38
196 FIEDLER/CHVATAL 2008, S. 38

matiklehrer am örtlichen Gymnasium und stammte aus einer deutsch-jüdischen Familie aus Elsch (Olešná).

Abb. 10: Blick in den alten Judenfriedhof von Tachau (Tachov). Foto: Karin Wilck 2017

Im Jahre 2014 wurde der oben erwähnte Bürotrakt bis auf die Betonbodenplatte abgerissen. Auf ihr errichtete man eine Nachbildung des Grabsteins des Rabbiners Nachum Sofer mit einer Inschriftenplatte aus Aluminium, darüber einen hölzernen Pavillon (Abb. 11). Der Friedhof ist eingezäunt. Neben dem Eingang informieren Tafeln über das ehemalige jüdische Leben in Tachau. Viele alte Grabsteine weisen gut lesbare hebräische Inschriften auf. Die modernen Grabsteine, meistens aus Marmor, tragen hebräische und deutsche Inschriften. Ihre Namen und Berufsangaben zeigen die Bedeutung der jüdischen Familien der Stadt. Es fand sich kein Grabstein mit einer tschechischen Inschrift.

Die im Jahre 1911 nach Plänen des Architekten Alfred Grotte errichtete neue Synagoge wurde am 10. November 1938 durch Brandstiftung zerstört und anschließend abgetragen. Die Häuser der jüdischen Gemeinde stehen noch. Fußbodenornamente der Synagoge sind im Museum Český Les ausgestellt.

Im Jahre 1933 wurde ein neuer jüdischer Friedhof in der Nähe des Stadtfriedhofs von Tachau angelegt. Es finden sich dort nur wenige jüdische Grabsteine (im hinteren linken Eck mit den Jahreszahlen 1934 und 1938). Daneben erinnert ein Mahnmal an die Toten vom 15. April 1945. Damals war ein Todestransport vom Konzentrationslager Buchenwald mit etwa 2.500 Gefangenen in Waggons zum oberen Bahnhof von Tachau gebracht worden. In den Waggons wurden nach dem Zusammenbruch des NS-Regimes 400 Tote geborgen. Diese und weitere 200 vom NS-Wachpersonal Erschossene waren hierher transportiert worden. Der für diese furchtbare Aktion verantwortliche Josef Weidl hat sich danach selbst umgebracht. Der Friedhof ist heute ein Urnenfriedhof. Das zugehörige Tahara-Haus, in dem die rituelle Waschung der jüdischen Verstorbenen vor ihrer Bestattung durchgeführt wurde, befindet sich rechts vom Eingang und ist gut erhalten.

Abb. 11: Holzpavillon mit dem neuen Grabstein des „Wunderrabbis" Nachum Sofer auf dem jüdischen Friedhof von Tachau (Tachov). Foto: Karin Wilck 2017

3. Weitere Maßnahmen für die Sicherung und Pflege jüdischer Kultur im ehemaligen politischen Bezirk Tachau (Tachov)

Nach der „Samtenen Revolution" 1989 verminderte sich der Einfluss der antisemitischen Kader. Bereits 1991/92 wurde der verwüstete jüdische Friedhof in Tachov (Tachau) in einen würdigen Zustand gebracht, die umgeworfenen Grabsteine wurden wieder aufgerichtet und das Gestrüpp entfernt (s. oben Abschnitt 2.7). In den Jahren nach 2000 wurden die jüdischen Friedhöfe im Kreis Tachov (Tachau) unter Leitung des Museums Český Les erneuert und von Václav Fred Chvatal dokumentiert. Der jüdische Friedhof in Tachov (Tachau) wurde an der Nord- und Westseite wieder eingefriedet, das Grab Nachum Sofers rekonstruiert (siehe oben).

Ein besonderes Indiz für einen Wandel in den Einstellungen der lokalen Gesellschaft von Tachov (Tachau) zur jüdischen Geschichte ihres Wohnortes ist die Tatsache, dass die Stadt in den 1990er Jahren die Nachkommen der Tachauer Juden, die in den USA leben, nach Tachov (Tachau) einlud. Unter den Eingeladenen befanden sich auch Nachfahren von Frank Kohner. Dieser war als Franz Kohner in Tachau geboren worden, hatte sich vor den Nazis über Prag und England nach New York retten können und dort eine Familie gegründet. Die Geschichten, die sich die Tachauer Juden am Tachauer Stammtisch in New York erzählt hatten, hatte er in Verbindung mit einer Familienchronik in seinem Buch „Tachau Tales" für seine Kinder niedergeschrieben. Auf Bitten von Wolf-Dieter Hamperl hin übersetzte Frank Kohner mit seiner Frau dieses Buch ins Deutsche. So konnte es unter dem Titel „Tachauer Geschichten" als Band 9 der Schriften zur Tachauer Heimatgeschichte (Altenmarkt 2008) herausgebracht werden. Dieses Buch wird auch in Tachov (Tachau) selbst verkauft. Es wird dort so geschätzt, dass es im Jahre 2009 in tschechischer Version als „Tachovske Historicky" erschien. Es ist das einzige Buch über Tachau, das auf Englisch, Deutsch und Tschechisch verfügbar ist. Im Jahre 2014 wurde Frank Kohner von der Stadt Tachov (Tachau) auch eine der Stelen, die entlang der Goldenen Straße errichtet werden, gewidmet.

Literatur- und Quellenhinweise

FIEDLER, Jiři/CHVATAL, Václav Fred: *Jüdische Denkmäler im Tachauer, Planer und Mieser Land*. Domažlice (Taus) 2008

GOLD, Hugo: *Die Juden und die Judengemeinden Böhmens in Vergangenheit und Gegenwart*. Brünn, Prag 1934

HAMPERL, Wolf-Dieter: *Die verschwundenen Dörfer im ehemaligen Bezirk Tachau im südlichen Egerland*. Altenmarkt 2008

HAMPERL, Wolf-Dieter (Hrsg.): *Haider Pfarrchronik*. Bd. II, 1777–1945. Altenmarkt 2013

KLIMSA, Oberlehrer W./POLAK-ROKYCANNA, Jaroslav: *Geschichte der Juden in Neustadtl am Klinger*. In: GOLD, Hugo (Hrsg.): Die Juden und die Judengemeinden Böhmens in Vergangenheit und Gegenwart. Brünn, Prag 1934, S. 454–460

KÖPPL. Christian: *Chronik der Stadt Neustadtl, von den Anfängen bis 1875*. Stift Tepl, Manuskript 1875

LANG, Josef: *Geschichte der Juden in Neustadtl am Klinger*. In: LORENZ, Walter (Hrsg.): Wie's daheim war. Heimatbuch Neustadtl, Kreis Tachau im Egerland. Neuhof 1988

PREISS, Hildegard: *Der Bezirk Tachau in Zahlen. Die amtlichen Ergebnisse der Volkszählungen 31.12.1869, 31.12.1890, 31.12.1900, 31.12.1910, 15.02.1921, 01.12.1930, 17.05.1930*. Langerwehe 1992

SCHUSTER, Franz: *Tachau-Pfraumberger Heimat*. Weiden 1962

Stanislav Děd

Richard Goldmann und seine Botschaft für uns

1. Einleitung

Betrachten wir das Leben von Richard Goldmann nicht nur als eine Reihe historischer Daten, die mit seinem Tod endet, sondern im Hinblick auf seine Spuren, die er in der Geschichte hinterließ, und hinsichtlich seiner Bedeutung für unsere Gegenwart sowie unserer Einstellung zu ihm, dann zeigt diese Sichtweise leider nicht nur das großartige Wirken von Richard Goldmann, sondern auch Defizite der Wertschätzung seiner Leistungen in der Tschechoslowakischen Sozialistischen Republik und auch heute in der Tschechischen Republik. Richard Goldmann war ein unabhängiger Bürger, der sich für seine Stadt Komotau (Chomutov) tatkräftig einsetzte, der aktiv in der jüdischen Gemeinde von Komotau und ein großer Kunstliebhaber war (Foto 1).

Foto 1: Porträt von Richard Goldmann (aus: ŠAMŠULOVÁ, Eva/TRMALOVÁ, Olga: Prtrétní miniatury chomutovské sbírky [katalog vyst.]. Oblastní muzeum v Chomutově. Chomutov 2007, S. 5)

Um Person und Wirken von Richard Goldmann besser zu verstehen, sollen im Folgenden einige Informationen zu den folgenden Themen gegeben werden: Zur kulturellen und ökonomischen Entwicklung von Komotau seit der zweiten Hälfte des 19. Jahrhunderts; zur Familie, aus der Richard Goldmann stammt; zu beruflichen und anderen Aktivitäten Richard Goldmanns; schließlich zu Krieg und Holocaust. Im Abschlusskapitel, das sich mit Entwicklungen in Komotau nach dem Zweiten Weltkrieg befasst, soll angesprochen werden, wie von offizieller Seite posthum mit Richard Goldmann und damit auch mit einem wesentlichen Teil der Geschichte von Komotau umgegangen wird.

2. Zur kulturellen und ökonomischen Entwicklung von Komotau seit der zweiten Hälfte des 19. Jahrhunderts

Komotau erlebte seit dem letzten Viertel des 19. Jahrhunderts unter den Bürgermeistern Schmatz (1872–1888), Schreitter (1888–1898), Schiefer (1898–1907) und Storch (1907–1933) einen beachtlichen wirtschaftlichen und kulturellen Aufschwung. Aus einem ruhigen deutschen Städtchen, das stolz war auf die Tradition seiner Gründer, nämlich des Deutschen Ritterordens, auf das Jesuitenkolleg, auf seinen wissenschaftlich bedeutenden Einwohner Franz Josef von Gerstner (Mathematiker und Physiker; lebte von 1756 bis 1832) und seine Treue zum Deutschtum, jedoch provinziell geprägt war, entwickelte sich ein bedeutender Wirtschaftsstandort mit Eisenhüttenindustrie und Maschinenbau. Durch den Eisenbahnanschluss wurde Komotau zu einem wichtigen Verkehrsknoten der Lokal- und Regionalbahnen, und zwar der Strecken Komotau-Dux (Duchcov)-Ossek (Osek) und nach Eger (Cheb), der Buschtiehrader (Buštěrad) Eisenbahn nach Prag, Weipert (Vejprty) bzw. Reizenhain (Sachsen) und Brunnersdorf (Prunéřov) bei Kaaden (Kadaň) sowie der Verbindungen nach Teplitz (Teplice) und Aussig (Ústí nad Labem). Komotau bekam wichtige Eisenbahnwerkstätten und entwickelte sich zu einem Industrie- und Verwaltungszentrum. Die folgenden Beispiele sollen den Aufschwung dieser Stadt, die im Jahre 1930 mehr als 33.000 Einwohner zählte, verdeutlichen.

An öffentlichen Einrichtungen sind u.a. zu nennen: das Postamt, das Bezirksgericht, die Bezirkshauptmannschaft, das Finanzamt, die Fachschule für Maschinengewerbe in der Prager Straße (Vorgängerin der Industrieschule), die Industrieschule, die Bürgerschule am J. Hus-Platz, die Bürgerschule am Graben (Na Příkopech), das spätere Lehrerbildungsinstitut in der Beethovenstraße, das

Hallenbad und das Schwimmbad am Alaunsee (Kamencové jezero), der Stadtpark, das Stadttheater, die evangelische Kirche, das Krankenhaus Gisela, das Bezirkskrankenhaus und der Stadtfriedhof mit einer Zeremonienhalle. Wichtige Beispiele wirtschaftlicher Einrichtungen sind die Erzgebirge-Eisenhütten-Gesellschaft, die Kaffee-Ersatz-Fabrik Franck, die Chemiefabrik in der Reissstraße, die weltberühmte Uhrenfabrik Schienker & Kienzle, die Glockengießerei Herold, in den 1890er Jahren das Schlachthaus in der Duklastraße und die Dampfziegelei Legit, das Kraftwerk neben dem städtischen Gaswerk, das bürgerliche Brauhaus und die Hutfabrik.

Diese Entwicklung hatte zwei wichtige Folgeerscheinungen: 1. In den 1890er Jahren wurde die Eisenproduktion in den expandierenden Mannesmann-Werken modernisiert und ein Stahlwerk eröffnet. Im Jahre 1891 wurde aufgrund des Patentes der Gebrüder Mannesmann das erste nahtlose Rohr hergestellt – Basis für die weltweite Entwicklung dieses großen Industrieunternehmens. 2. Ein erhöhter Wasserverbrauch für die wachsende Bevölkerung und Industrie stellte sich ein. So wurde ein leistungsfähiges Wasserleitungssystem gebaut, kommunale Brunnen wurden errichtet. Jedoch musste für eine langfristige Lösung eine neue Wasserleitung von einer Talsperre zur Stadt gelegt werden. Deswegen beschloss der Stadtrat im Jahre 1889, ein Wasserreservoir zu bauen, das zu Ehren des Kaisers „Talsperre Kaiser Franz-Josef I. von der Stadtgemeinde Komotau" genannt wurde. Das Wasserwirtschaftsprojekt mit einer Kapazität von 60 Litern pro Person und Tag wurde von der Firma Rumpel & Niklas aus Teplitz im Jahre 1891 durchgeführt. Für die Wasserversorgung wurde aufgrund eines Gutachtens von Professor Otto Lueger eine Talsperre am Neuhauser Flößbach (Kamenička) gebaut. Am Bau des Staudammes, der vom Wiener Unternehmen G. A. Wayss & Cie in den Jahren 1899 bis 1904 erstellt wurde, waren täglich 700 bis 1.000 Bauarbeiter beteiligt. Viele von ihnen stammten aus Kroatien und Italien. Gleichzeitig wurden in der Stadt selbst eine Kanalisation und ein Wasserleitungssystem gebaut.[197] An diesen Entwicklungen war Richard Goldmann als Jurist entscheidend beteiligt, und zwar insofern, als er den Erwerb von Grundstücken für die Mannesmann-Werke und für den Bau einer Talsperre als sehr begabter und von allen beteiligten Parteien hoch geschätzter Unterhändler arrangierte.

---

197 Vgl. weitere Informationen über die Entwicklung von Komotau mit Hilfe des Wikipedia-Artikels Chomutov (https://de.wikipedia.org/wiki/Chomutov)

3. Die Familie Goldmann und ihr Umzug nach Komotau

Die Familie Goldmann stammte aus dem Städtchen Luck (Luka) nahe Luditz (Žlutice), wo ein Vorfahr des Geschlechts – der im Jahre 1812 geborene Joachim Goldmann – als Vorstand der jüdischen Gemeinde tätig war. Seine Niederlage bei der Wahl einer neuen Verwaltung der jüdischen Gemeinde im Jahre 1850 wird damit erklärt, dass er auf einer traditionellen jüdischen Lebensweise beharrte. Er wollte die Gemeinde nicht nach außen öffnen. Infolge der Wahlniederlage wandte er dem Städtchen Luck den Rücken zu und suchte eine neue Chance für sich und seine Familie in einer größeren Stadt. So zog Joachim Goldmann mit seiner Frau Elisabeth und seinen fünf Kindern nach Komotau, nachdem sein Sohn Richard Ende Januar 1861 geboren war. Bereits nach 1848 waren nach Komotau verstärkt Juden gezogen, und zwar zuerst aus dem nahe gelegenen Ort Eidlitz (Údlice), dann jüdische Familien aus verschiedenen Gemeinden in Nordwest-Böhmen.[198]

Zu Anfang der 1860er Jahre lebten in der bis davor „judenlosen" Stadt etwa 200 Juden. Bei der Volkszählung von 1880 wurden 562 jüdische Einwohner gezählt, d. h. etwa 5 % der gesamten Stadtbevölkerung. Danach begann ihre Zahl allmählich wieder zu sinken. Im Jahr 1874 war aus den beiden bis dahin bestehenden jüdischen Gemeinden eine neue jüdische Gemeinde entstanden. Joachim Goldmann wurde Mitglied des leitenden Ausschusses dieser Gemeinde. Im Jahre 1876 erfolgte die Eröffnung einer Synagoge (Foto 2).

Die Familie Goldmann lebte nach ihrem Zuzug in Komotau (1861) zunächst in einem Miethaus. Im Jahre 1868 kaufte Joachim Goldmann das Haus Nr. 22 in der Herrengasse (Revoluční ulice) (Foto 4). Auch seine Frau Elisabeth wurde für die Stadt tätig. Im Jahre 1881 zählte sie zu den Mitbegründerinnen des Verbandes wohltätiger Frauen in Komotau. Sie gebar insgesamt fünfzehn Kinder, von denen aber vier bald nach der Geburt starben.

---

198 Vgl. WENISCH, Rudolf/KRAKAUER, Emil: *Geschichte der Juden in Komotau*. In: GOLD, Hugo (Hrsg.): Die Juden und Judengemeinden Böhmens in Vergangenheit und Gegenwart. Jüdischer Buch- und Kunstverlag , Brünn/Prag 1934, S. 299–304 (Online: http://digi.landesbibliothek.at/viewer/image/AC07942390/54/). Vgl. weitere Informationen über die jüdische Geschichte Komotaus in ALICKE, Klaus-Dieter: *Lexikon der jüdischen Gemeinden im deutschen Sprachraum*. 3 Bände. Gütersloh 2008 (Online-Ausgabe: http://juedische-gemeinden.de/index.php/gemeinden/k-l/1086-komotau-boehmen)

Foto 2: Synagoge von Komotau (Chomutov) etwa 1930. Die Synagoge ist das Gebäude mit den fünf großen Fenstern in der Bildmitte halbrechts. (Oblastní muzeum v Chumotově)

Foto 3: Wohnhaus von Joachim Goldmann und seiner Familie in Komotau von 1868 bis 1903 (Aufnahme: Stanislav Děd 2017)

Elisabeth starb 1888 im Alter von 58 Jahren, ihr Mann Joachim im Jahre 1891. Sie fanden ihre Ruhestätte auf dem neuen jüdischen Friedhof, der im Jahre 1810 in Eidlitz (Údlice) angelegt worden war. Denn der jüdische Friedhof in Komotau entstand erst im Jahre 1892.

Die jüdische Matrikel der Verstorbenen in Komotau erwähnt, dass Joachim Goldmann dreizehn lebende Kinder hatte, von denen drei nach dem damaligen Gesetz minderjährig waren. Von diesen dreizehn Kindern blieben in Komotau nur vier, nämlich der älteste Sohn Ignaz, ihr Sohn Richard, der 1861 kurz vor dem Umzug nach Komotau geboren wurde, und die beiden jüngsten Töchter Laura und Helene, die ledig waren. Im Nachbarort Eidlitz lebte noch die älteste Tochter Rosa.

Der älteste Sohn Ignaz (1848–1921) heiratete im Jahre 1880 Louise Herschmann (1859–1948). Kurz darauf kaufte er für seine Familie das Haus Nr. 109 in der Schießhausgasse (Jakoubek ze Stříbra-Straße), in der Nähe des väterlichen Hauses. Von seinen drei Söhnen – Oskar, Viktor und Johann – blieb keiner in Komotau. Ignaz' jüngster Sohn, nämlich Johann (Hans) (1899–1991), wurde sehr bekannt als Augenarzt. Dieser übersiedelte im Jahre 1924 in die Schweiz, wo er als Chef einer Augenklinik und Professor an der Universität in Bern tätig war.

4. Richard Goldmann – seine beruflichen und anderen Aktivitäten

Der wohl bekannteste Sohn Joachims, Richard (1861–1924), studierte Jura an der deutschen Universität in Prag. Nach seinem Abschluss war er bei mehreren Prager Rechtsanwälten tätig. Im Jahre 1887 wurde er selbst Anwalt. Seit 1885 war er verheiratet mit Sally Neuhut, die aus Neutra (Nitra) in der Slowakei stammte. Nach der Geburt ihres einzigen Kindes, ihrer Tochter Margarethe, war er in Komotau als Anwalt tätig. Er wurde besonders bekannt durch sein Geschick bei der Vertretung der Eigentümer von Grundstücken, die das Mannesmann-Werk für den Bau seiner Betriebe kaufte (s. oben 2.). Später wurde er von Mannesmann als Anwalt angeworben und wurde Syndikus.

Richard war von 1904 bis zu seinem Tod im Jahre 1924 (mit einer Unterbrechung von 1913 bis 1919) in Komotau Stadtrat für wirtschaftliche Angelegenheiten. Er hatte in dieser Zeit den Bau der Komotauer Talsperre im Grollbachtal durchgesetzt. In den letzten Jahren seines Lebens beschäftigte er sich mit dem Sammeln von Miniaturen und Kupferstichen, die er verarmten österreichischen

Adeligen abkaufte. Wie sein Vater Joachim war auch Richard in der jüdischen Gemeinde von Komotau tätig. Er gehörte zu den Gründern der Beerdingungsbruderschaft Chewra Kadischa (siehe Foto 4).

Foto 4: Tafel auf dem jüdischen Friedhof von Komotau (1892 angelegt, die Tafel ist von 1937). Aus dem Text geht hervor, dass Richard Goldmann Gründungsmitglied der Bruderschaft Chewra-Kadischa war. (Oblastní muzeum v Chomutově)

5. Die Villa von Richard Goldmann

Seit 1903 wohnte er mit seiner Frau und Tochter in einer luxuriösen Villa in der Komotauer Seegasse, später Schillerstraße, heute Čelakovský-Straße (Foto 5). In der Villa lebten auch seine Schwestern Laura (1873–1943) und Helene (1874–1942), die ihr geerbtes Haus in der Herrengasse 22 verkauft hatten. Richard Goldmann finanzierte den Bau der Villa mit seinen Honoraren, die er für die Rechtsvertretung beim Bau der Talsperre Komotau (Kamenička-Talsperre) erhalten hatte. Deshalb nannte er die Villa Wasservilla. Ihr architektonischer Wert war außerordentlich hoch, auch im Vergleich mit den monumentalen Villen in der Nachbarschaft.

In der heutigen Čelakovský-Straße hatten sich nach 1900 die Reichen von Komotau ihrem damaligen Lebensstil entsprechend große Villen bauen lassen (Foto 6). Die Südseite der Straße stellt heute die Grenze des Fußballstadions und des Stadtparks dar. Dieser Park war zwischen den Jahren 1873 und 1898 durch Aufschüttung von Sümpfen, Teichen und Naturpfaden angelegt worden.

Die dort bestehende alte Schießstätte wurde durch das Gebäude des Stadttheaters ersetzt. Im Jahre 1913 wurde der Park zusammen mit der ehemaligen Prokschen Wiese (heute Fußballstadion) zum Gelände für die Deutsch-Böhmische Landesschau Komotau umfunktioniert. Dort wurden handwerkliche, industrielle, landwirtschaftliche und kulturelle Produkte der deutschsprachigen Regionen Böhmens präsentiert. Im Juni 1945 mussten sich in diesem Park die männlichen deutschen Einwohner Komotaus, die zwischen 13 und 65 Jahren alt waren, sammeln. Sie wurden im Zuge der „Wilden Vertreibung" zum Todesmarsch über die Staatsgrenze im Erzgebirge in Richtung Deutschneudorf (Sachsen) gezwungen.[199]

6. Richard Goldmann als Kunstliebhaber und Sammler

Eine Miniaturensammlung (Foto 7) von Richard Goldmann zeigt ihn als kultivierten Kunstliebhaber. Die außerordentliche wertvolle Kollektion, die das Stadtmuseum Komotau in den Jahren 1938 bis 1940 (?) aus seinem Nachlass gekauft hatte, stellt das Fundament der Komotauer Miniaturensammlung dar. Die Sammlung war wegen ihrer Qualität einzigartig. In der Sammlung sind Werke bedeutender Miniaturmaler Englands, Frankreichs, Österreichs, Ungarns, Böhmens und der Niederlande vertreten.[200]

Foto 7: Objekte der Miniaturensammlung von Richard Goldmann (aus: ŠAMŠULOVÁ, Eva / TRMALOVÁ, Olga [2007], S. 48, 56 und 71)

---

199 BERGLER, Edith: *Todesmärsche während der sog. „wilden Vertreibung" in der Tschechoslowakei* (http://www.egerer-landtag.de/Geschichte/Todesmaersche.htm)
200 Weitere Informationen: Katalog zur Ausstellung Portraitminiaturen der Sammlung in Komotau und Katalog der Ausstellung im Jahre 1940 von Opitz, der für Forschungen im Studienraum des Museums zur Verfügung steht.

Foto 5: Die Wasservilla von Richard Goldmann und seiner Familie (Baujahr 1903). Die Villa war von 1903 bis 1940 im Besitz der Familie. Das Foto – eine Postkarte – stammt etwa aus dem Jahr 1930. (Oblastní muzeum v Chomutově)

Foto 6: Villen in der Čelakovský-Straße (früher Schillerstraße, davor Komotauer Seegasse) von Komotau (nach 1900 gebaut) (Aufnahme: Stanislav Děd 2017)

7. Krieg und Holocaust

Ende der 1930er Jahre nahte der Krieg und mit ihm eine grundlegende Änderung: Die jüdische Gemeinde in Komotau wurde durch die Nazi-Herrschaft zerstört. In der „Kristallnacht" im November 1938 brannte die Synagoge aus, 22 Juden aus Komotau wurden an die Grenze des Bezirks Laun (Louny) verschleppt, der nach dem Münchner Abkommen bei der Tschechoslowakei geblieben war, das Schicksal von Hunderten anderer ist unbekannt. Ein Teil des jüdischen Privat- und Gemeindeeigentums kam ins Museum. Selbst Museumsbeschäftigte machten die Miniaturensammlung aus dem Nachlass von Richard Goldmann zum Objekt von unwürdigen Spekulationen.

Es stellt sich die Frage, welche Veränderungen in den Menschen vor sich gegangen sind, die nun ihre Mitbürger so schlecht behandelten, obwohl sie sich vorher täglich in der Stadt begegneten, einander grüßten, nebeneinander wohnten, in gleichen Verbänden verkehrten. Woher ist ihr Hass gekommen? Hatten sie auch wirklich diesen Hass oder widersetzten sie sich bloß nicht der politischen Führung, die diesen Hass schürte?

Im Jahre 1940 veranstaltete der bedeutende Kunsthistoriker Dr. Josef Opitz in Komotau eine Ausstellung, für die von nordböhmischen Museen und auch von Adelsfamilien Exponate leihweise zur Verfügung gestellt worden waren. Unter den Miniaturen waren auch 28 Exponate aus Komotau, jedoch ohne Angaben vom Eigentümer. Sofort nach Ende der Ausstellung wurden alle erworbenen Miniaturen aus der Sammlung Goldmann vom Museumsdirektor Dr. Wenisch in kluger Weise in den Safes der Komotauer Dresdner Bank deponiert (aktuell: Komerční banka), wo sie die Kriegszeit und insbesondere die Nachkriegszeit überstanden.

Über das schwere Schicksal der Familie Goldmann gibt es Informationen von Pavel Škorpil (einem im Jahre 1954 geborenen Groß-Neffen von Richard Goldmann) und einen Bericht von Johann (Hans) Goldmann (s. oben unter 3.), der im Jahre 1937 seine Mutter Louise in die Schweiz gebracht hatte. Richards Frau Sally blieb als einziges Mitglied der Familie nach der Abtretung der Grenzgebiete an das Deutsche Reich im Jahre 1938 in Komotau. Ende 1938 – nach der „Kristallnacht" – hatte sie die ganze Miniaturen-Sammlung ihres Mannes für eine lächerlich kleine Summe an das Stadtmuseum verkauft. Ihr verstorbener Ehemann Richard Goldmann genoss noch lange nach seinem Tod unter den Komotauern immerhin so hohen Respekt, dass sie bis 1940 in der Familienvilla wohnen durfte. Später lebte sie höchstwahrscheinlich bis zu ihrem Tod im Mai 1943 in einem Haus in der Bahnhofstraße, im ehemaligen Hotel Mertin (dann Fa. Geodézie), während die restlichen sechs bis acht alten Juden, die nach der „Kristallnacht" in Komotau geblieben waren, über Aussig nach Theresienstadt deportiert wurden. Unter den Opfern der „Endlösung der Judenfrage" waren laut Pavel Škorpil mehr als 25 Mitglieder der Familie Goldmann. Kein Angehöriger dieser Familie kehrte nach dem Krieg nach Komotau zurück.

8. Entwicklungen nach dem Zweiten Weltkrieg

Was nach dem Krieg mit den Juden in Komotau passierte, sagt auch etwas über uns Tschechen aus und ist wahrlich nichts Erfreuliches:

Das konfiszierte Haus in der Herrengasse übernahm die tschechische Stadtverwaltung, die es in den 1960er Jahren abreißen ließ. In der dadurch entstandenen Baulücke befindet sich aktuell die Einfahrt zum Parkplatz des Hotels „Zu den zwei kleinen Bären". Richards Villa (die erwähnte „Wasservilla") wurde jahrelang als „Haus der Pioniere" genutzt. Von ihrem Inneren sind keine Fotografien erhalten. Über Renovierungen und andere Baumaßnahmen ist nichts bekannt. Die ursprüngliche Baudokumentation ist im Bauamt-Archiv verloren gegangen, vielleicht in Zuge von unerledigten Restitutionen für ehemalige jüdische Eigentümer oder bei Versuchen, die Immobilie zu verkaufen. Das Ergebnis ist eine Schande für Komotau. Die Devastation eines so wertvollen Objektes wird ohne Aufsehen zugelassen.

Am 13. März 1951 wurden in einem Banksafe 138 Miniaturen aus der Sammlung von Richard Goldmann entdeckt. Alle vorgefundenen Objekte wurden dem Stadtmuseum in Komotau anvertraut. Dr. Luboš Smrž, Abteilungsleiter des Nationalmuseums, der mit der Einordnung der Sammlung in die tschechischen und europäischen Sammlungen befasst war, stellte Folgendes fest: „Man kann kühn sagen, dass diese Sammlung durch ihre Konzentration auf die abbildende Qualität und auf Spitzenexemplare auch die besten Sammlungen dieser Art bei uns überragt. Die Sammlung von Miniaturporträts gehört zweifellos zu den Kollektionen mit europäischem Niveau." Die Sammlung bleibt im Fonds des Regionalmuseums. Gemäß den tschechischen Gesetzen kommt eine Restitution an lebende Verwandte von Richard Goldmann nicht in Frage, weil es keine direkten Nachkommen von Richard Goldmann gibt. Diese juristische Erklärung wurde abgegeben, nachdem ein Restitutionsantrag im Jahre 2009 eingereicht worden war.

Am Platz der ehemaligen Synagoge fehlt immer noch eine Gedenktafel. Die Versuche des Regionalmuseums, eine solche mit Hilfe von drei Priestern anzubringen, wurden erst kürzlich von der Stadtverwaltung unterstützt. Der Zustand des jüdischen Friedhofs ist eine besondere Geschichte darüber, wie die selbstverständlich notwendige Achtung der schrecklichen Tragödie, welche die jüdischen Mitbürger traf, und der Respekt, der den Überlebenden und Nachkommen zu zollen ist, in der realen Praxis der Behörden nicht zu finden sind. Ein solches Verhalten ist als Antisemitismus zu bezeichnen. Um diese Aussage zu begründen, sollen die folgenden Hinweise gegeben werden: Ein Plan des Friedhofs aus den 1920er Jahren zeigt, dass die gesamte Friedhofsfläche mit Gräbern bedeckt ist. Darunter befindet sich auch das Grab von Richard Goldmann und seiner Familie. Fotografien aus dem Jahre 1986 (z. B. Foto 8) zeigen den Zustand des Friedhofs: stehende und umgestürzte Grabsteine und eine verwahrloste, ehemals prächtige Trauerhalle. Eine Rekonstruktion und Erneuerung des Friedhofs wäre ohne Probleme möglich gewesen. Inzwischen wurde der Friedhof aber völlig zerstört, d. h. alle Grabmale wurden beseitigt. Sie wurden offenbar als hochwertige Steine verkauft. Es entstand eine freie Fläche (Foto 9). Über die Geschichte dieser Fläche und über die beigesetzten Personen wird nicht informiert. Ein Hohn ist eine Gedenktafel, auf der es heißt: „Diese Fläche wurde mit Pietät im Rahmen des Projektes ‚Z' mit einem Kostenaufwand von 450.000 Kronen revitalisiert." (Foto 10). Weitere Maßnahmen haben die Situation nur unzureichend verbessert. Der gleiche zerstörerische Prozess verläuft auch noch heute (2017) auf den historischen städtischen Friedhöfen ehemaliger deutscher Mitbürger.

9. Fazit

Im Jahre 2017, d. h. 156 Jahre nach dem Zuzug der Familie von Richard Goldmann in Komotau (Chomutov), sind alle sichtbaren äußeren Spuren dieser Familie in Chomutov ganz oder fast ganz verloren. Aber unsichtbare Spuren existieren noch als Erinnerungen an diese Familie. Sie überdauern dadurch, dass die Geschichte dieser Familie und der anderen Familien mit ähnlichem Schicksal nicht vergessen wird.

Foto 8: Der Friedhof von Komotau (Chomutov) 1986 (Foto: Oblastní muzeum v Chomutově)

Foto 9: Das Gelände des ehemaligen Friedhofs von Komotau (Chomutov) 2017 (Aufnahme: Stanislav Děd 2017)

Foto 10: Gedenktafel auf dem Gelände des ehemaligen Friedhofs von Komotau (Chomutov) 2017 (Aufnahme: Stanislav Děd 2017)

Literaturhinweise

ALICKE, Klaus-Dieter: *Lexikon der jüdischen Gemeinden im deutschen Sprachraum*. 3 Bände. Gütersloh 2008 (Online-Ausgabe: http//juedische-gemeinden.de/index.php/gemeinden/k-l/1086-komotau-boehmen; Zugriff 15.12.2017)

BERGLER, Edith: *Todesmärsche während der sog. „wilden Vertreibung" in der Tschechoslowakei* (http://www.egerer-landtag.de/geschichte/Todesmaersche.htm; Zugriff: 15.12.2017)

ŠAMŠULOVÁ, Eva/TRMALOVÁ, Olga: *Portrétní miniatury chomutovské sbírky, (katalog vyst.). Oblastní muzeum v Chomutově*. Chomutov 2007

WENISCH, Rudolf/KRAKAUER, Emil: *Geschichte der Juden in Komotau*. In: GOLD, Hugo (Hrsg.): Die Juden und Judengemeinden Böhmens in Vergangenheit und Gegenwart. Jüdischer Buch- und Kunstverlag, Brünn/Prag 1934, S. 299–304 (Online: http://digi.landesbibliothek.at/viewer/image/AC07942390/54; Zugriff: 15.12.2017)

WIKIPEDIA-Artikel Chomutov: https://de.wikipedia.org/wiki/Chomutov (Zugriff: 15.12.2017)

Konrad Badenheuer/Wilfried Heller

Notiz zur Geschichte der Synagoge von Jägerndorf (Krnov)

Die Fotos auf dem Einband zeigen die Synagoge von Krnov (Jägerndorf) nach ihrer Renovierung. Der repräsentative Bau wurde als dreischiffige neoromanische Anlage im Jahre 1872 fertiggestellt und dokumentiert das damalige Selbstbewusstsein der jüdischen Gemeinde in dieser Kreisstadt in Mährisch-Schlesien – eine durchaus imposante jüdische „Spur" im Sinne der Fragestellung dieses Buches.

Tatsächlich handelt es sich insofern um eine Spur, einen Überrest, als bis zum Jahre 1938 die meisten der rund 75 Bezirksstädte im damaligen Sudetenland über ähnliche Bauten verfügten. Die Jägerndorfer Synagoge ist eine der wenigen und offenbar die größte, die nicht dem Furor der Reichspogromnacht vom 9. November 1938 zum Opfer gefallen ist. Die Geschichte ihrer Rettung soll hier kurz erzählt werden.

Ende Oktober 1938 beriet der Stadtrat von Jägerndorf in einer Sitzung die telefonische Anweisung der Regierungsadministration aus Berlin an Dr. Oskar König, den Bürgermeister der Stadt, bis zum 9. November 1938 die Synagoge der Stadt zu zerstören und zu brandschatzen.[201] Der 33-jährige Franz Irblich, Bauunternehmer und Mitglied des Stadtrates für die Sudetendeutsche Partei (SdP)[202], stellte den Antrag, zur Rettung der Synagoge diese bis zum 9. November 1938 in eine Markthalle umzubauen und der Administration in Berlin mitzuteilen, dass die Stadt Jägerndorf keine Synagoge, vielmehr eine Markthalle

---

201 Helmut Irblich: *Die Jägerndorfer Synagoge*, Privatdruck, Schweinfurt, 2001, 2. Auflage 2018, S. 9

202 Im Sudetenland gab es zu diesem Zeitpunkt faktisch nur noch zwei Parteien, die Sozialdemokratische Partei (DSAP), die wenig später verboten wurde, und die Sudetendeutsche Partei, in der seit ihrer Gründung 1935 nach und nach alle bürgerlichen Parteien aufgegangen waren. Sie ging selbst am 5.11.1938 in der NSdAP auf, die aber nur 38,5 % der bisherigen SdP-Mitglieder aufnahm, nämlich 520.000 von 1,35 Millionen (Quelle: Ralf Gebel: *„Heim ins Reich!" Konrad Henlein und der Reichsgau Sudetenland (1938–1945)*. Oldenbourg, München 1999; 2. Auflage 2000, S. 129).

habe.²⁰³ Er gewann dafür die Unterstützung des einflussreichen Stadtrats und Sparkassendirektors Klammert, und so wurde dieser Antrag einstimmig angenommen. Die Umbauarbeiten für die Umwidmung der Synagoge wurden trotz frostigen Wetters unverzüglich begonnen. Helmut Irblich, der damals achtjährige Sohn von Franz Irblich, brachte mit dem Fahrrad heißen Tee, den seine Mutter zubereitet hatte, in einer Milchkanne zur Baustelle, damit sich die etwa zwölf Arbeiter, die mit dem eiligen Umbau befasst waren, aufwärmen konnten²⁰⁴. Dabei wurde sogar das Dach am Ostgiebel geöffnet, damit die beiden großen Gesetzes-Tafeln entfernt und im Dachraum abgelegt werden konnten. Die Orgel wurde fachmännisch abgebaut und sicher deponiert. Die Holzbänke wurden unter den Emporen gestapelt.

Franz Irblich (1905–1960),
Retter der Jägerndorfer Synagoge.
Bild: Helmut Irblich.

Die Thora-Tanach-Rollen und weitere Kultgegenstände wurden von Museumsleiter Prof. Dr. Ernst Kober im Museum der Stadt Jägerndorf verwahrt. Dort überdauerten sie unzerstört den Krieg.²⁰⁵ Dies kann als eigene Leistung gelten, denn die Zerstörung solcher Objekte war fester Bestandteil des Pogroms vom 9. November 1938. In der Jägerndorfer Synagoge gab es auch eine Thorarolle in deutscher Sprache. Ihr Verbleib war nach 1945 zunächst ungeklärt, man vermutete die Zerstörung im Novemberpogrom. Erst vor wenigen Jahren wurde be-

---

203 In der ersten Auflage dieses Buches wurde die Rettung der Synagoge unrichtig auf Anfang Oktober 1938 datiert, statt richtig auf Anfang November. Die Gründe dafür waren ungenaue Quellen und die unzutreffende Annahme des Verfassers, dass eine solche Rettung nach dem Anschluss des Sudetenlandes an das Deutsche Reich nicht mehr möglich gewesen wäre, zumal die Wehrmacht zu diesem Zeitpunkt bereits in der Stadt stationiert war (K.B.).
204 Irblich (2001/18), S. 9
205 Irblich (2001/18), S. 9.

kannt, dass es dem stellvertretenden Vorsitzenden der jüdischen Gemeinde in Jägerndorf, Karl Fried, bei seiner Flucht 1938 gelungen war, diese Rolle (und eine weitere aus dem nahegelegenen Ort Hotzenplotz [Osoblaha]) außer Landes und nach Palästina zu bringen, wo sie heute von der kleinen deutschsprachigen Gemeinde „Emet ve Emuna" („Wahrheit und Glaube") in Jerusalem genutzt werden. Zwischen dem Leiter dieser Gemeinde, Gideon Mamrotz, Helmut Irblich und dem kleinen Kreis der in Krnov (Jägerndorf) verbliebenen Juden ist vereinbart, dass diese beiden Rollen vom Heimatkreis Jägerndorf e. V. und der jüdische Gemeinschaft in Krnov zurückgekauft und nach Krnov (Jägerndorf) gebracht werden sollen, wenn sie in Jerusalem nicht mehr gebraucht werden.[206]

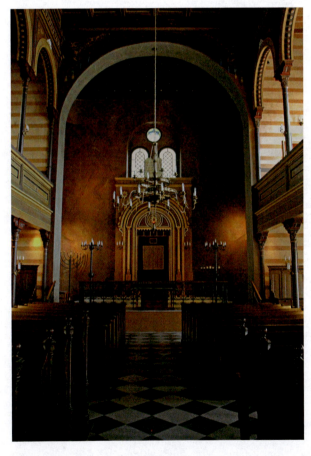

Das Innere der Jägerndorfer Synagoge. Bilder: Tadeáš Bednarz, 2018 (tschech. Wikipedia), ebenso S. 164.

206 Telefonische Auskunft von Helmut Irblich an K. Badenheuer, 21.11.2018

Zurück zum Herbst 1938. Tatsächlich gelang es, den Umbau rechtzeitig fertigzustellen. Dazu mussten sogar Öfen in der Synagoge aufgebaut werden, damit der neue Putz schnell genug abband und der Anstrich trocknete. Zur Irreführung der Administration in Berlin wurde am 9. November eine weitere Maßnahme ergriffen: Hinter der Leichenhalle des jüdischen Friedhofs wurden Fässer angezündet, die mit Diesel und Benzin gefüllt waren. Der aufsteigende, schwarze Rauch verdunkelte den Himmel, von der richtigen Seite her fotografiert sah es aus, als würde die Aussegnungshalle lichterloh brennen. In Wirklichkeit blieb sie aber unbeschädigt. Im oberen Geschoss des zweistöckigen Hauses wohnte weiterhin der nichtjüdische Friedhofsgärtner bis zu seiner Vertreibung im Jahre 1946. Vereinzelt wurde die Leichenhalle sogar noch nach 1945 zu ihrem ursprünglichen Zweck, d. h. für jüdische Bestattungen, genutzt.[207] Jedenfalls konnte das Bürgermeisteramt von Jägerndorf 1938 listig nach Berlin melden: „Anweisung am 9. November 1938 ausgeführt. Es hat gebrannt."[208] So berichtete auch die Lokalpresse, was nach 1945 zusammen mit dem manipulierten „Beweisfoto" vom 9. November dazu beitrug, dass von tschechischer Seite die Rettung der Synagoge nur zögernd als Verdienst der Jägerndorfer Lokalpolitik anerkannt wurde und wird.[209]

Beispielsweise heißt es dazu auf einer von der Stadt Krnov betriebenen Internetseite wörtlich: „Alle Synagogen in der Umgebung wurden vernichtet. Dasselbe sollte auch in Krnov passieren, aber bei der Tagung des Stadtrats wurde entschieden um die Synagoge zu erhalten, selbstverständlich durch einen Betrug. Sie ließen das Trauzimmer auf dem jüdischen Friedhof niederbrennen, aus der Synagoge Symbole Judentums beseitigen und in eine Markthalle Umwandeln."[210] Hier bleibt in der Schwebe, wem der Betrug gegolten hat, mit dem der Bau gerettet wurde, den deutschen Verantwortlichen für das Pogrom in Berlin oder der jüdischen Gemeinde der Stadt. Außerdem wird unrichtig behauptet, am jüdischen Friedhof sei ein Trauzimmer niedergebrannt worden, obwohl es dort weder einen solchen Raum noch eine Brandstiftung gegeben hat. Der Wahrheit weit näher kommt die englische Version dieser Internetseite, die Franz Irblich namentlich nennt und korrekt berichtet, dass der Jägerndorfer Stadtrat auf seine Initiative hin die Reichsregierung in Berlin getäuscht hat, um die Synagoge zu

---

207 Ebenso, 29.11.2018
208 Irblich (2001/18), S. 10
209 Telefonische Auskunft von Helmut Irblich an K.B., 18.10.2018.
210 http://www.infokrnov.cz/de/interessante-orte-in-krnov/24-krnovska-synagoga [Aufgerufen am 30.11.2018, alle Grammatik- und Rechtschreibfehler im Original.]

retten, Zitat: „However, the Krnov synagogue was saved. The mayor of the town summoned a meeting of the councillors and informed them about a secret order received from Berlin 'to destroy the Jewish temple'. The Sudeten councillors then unanimously accepted the proposal of the builder Franz Irblich to deceive the Nazis. The funeral ceremony hall in the Jewish cemetery was burned down, while the synagogue itself, after the symbols of the Jewish religion were removed, was changed into a town market hall."[211]

Hier beschränkt sich die unrichtige Information darauf, dass die Aussegnungshalle am Friedhof niedergebrannt worden sei. Die Halle ist tatsächlich heute nur noch teilweise erhalten. Sie wurde 1946 durch einen Umbau stark verkleinert, ein Teil des Baus diente nun als Wohnung für eine tschechische Familie, Anfang der 1990er Jahre auch als Garage[212]. Der tschechische Text auf dieser Internetseite wiederum entspricht annähernd dem englischen, nennt aber nicht Franz Irblich und auch nicht den Umstand, dass es eine geheime Weisung aus Berlin gab, die Synagoge zu zerstören.[213] Knapp und korrekt berichtet die tschechische Wikipedia: „Dank dem Mut und Engagement des Jägerndorfer Stadtrats Franz Irblich (1905-1960), dem es in der Zeit der Okkupation gelang, es in einen städtischen Markt umzuwandeln, blieb dieses Gebäude für zukünftige Generationen erhalten. Die Thorarollen und die Kultobjekte wurden gerettet."[214]

Der genaue Ablauf dieser Rettungsaktion ist wohl noch nicht in allen Details erforscht, jedenfalls nicht im Internet publiziert. Ende Oktober war das Sudetenland schon seit einem Monat dem Reich angeschlossen worden. Dem Münchner Abkommen vom 29. September und dem darauf folgenden Einrücken der Wehrmacht folgten sicherlich sofort die unsichtbaren „Aufpasser" des Nazi-Regimes in Gestalt der Agenten von Gestapo und Sicherheitsdienst (SD). Sie nahmen es nicht hin, wenn antijüdische Verfolgungsmaßnahmen so massiv hintertrieben wurden, wie es in Jägerndorf der Fall war. Es ist unklar, ob sie damals beide Augen zugedrückt haben oder ob ihnen die bloße Zweckentfremdung der Synagoge womöglich ausgereicht hat. Dass Sicherheitsdienste aus dem Reich schon im Ok-

---

211 http://www.infokrnov.cz/en/points-of-ineterests-in-krnov/24-krnovska-synagoga [Aufgerufen am 30.11.2018; Verschreibung „councillors" im Original.]
212 Irblich (2001/18), S. 11
213 http://www.infokrnov.cz/cs/zajimavosti-krnov/24-krnovska-synagoga [Aufgerufen am 30.11.2018]
214 https://cs.wikipedia.org/wiki/Synagoga_v_Krnov%C4%9B [aufgerufen 30.11.2018; Übersetzung K. B.]

tober 1938 in Jägerndorf präsent waren, kann angenommen werden, denn Hitler besuchte die Stadt mit der einrückenden Wehrmacht am 7. Oktober persönlich und sprach vom Balkon des Rathauses zu den Jägerndorfern; solche Auftritte mussten abgesichert werden.

Jedenfalls wurde das Gebäude bis zur Vertreibung der deutschen Bevölkerung der Tschechoslowakei im Jahre 1946 als Markthalle genutzt, danach als Depot und von 1960 bis 1998 als Nebenstelle des Archivs des nunmehr tschechischen Bezirks Freudenthal (Bruntál). Beim großen Hochwasser vom Juli 1997 stand die Synagoge 1,20 Meter tief unter Wasser.

Im Jahre 1999 wurde sie von der Stadt Krnov der israelitischen Kultusgemeinde von Olomouc (Olmütz) übertragen,[215] zu der sie auch heute gehört. Eine jüdische Gemeinde ist in Krnov (Jägerndorf) selbst bisher nicht wieder entstanden. Eine solche würde nach jüdischem Recht zehn jüdische Männer voraussetzen, es gibt aber nur einen losen Zusammenschluss von etwa fünf Personen.

Leider traf Franz Irblich nach dem Krieg in der Tschechoslowakei ein sehr hartes Schicksal. Denn sein Einsatz für die Synagoge wurde von tschechischer Seite ebenso wenig gewürdigt wie die Rettung zweier tschechischer Häftlinge aus dem KZ Auschwitz, die dort als KP-Mitglieder wegen Kriegssabotage inhaftiert waren. Diese wurden in sein Bauunternehmen nach Jägerndorf überstellt, nachdem er gegenüber Lagerkommandant Rudolf Höss mit seinem Leben für sie gebürgt hatte. Es half ihm nichts: In einem Schnellverfahren vor dem außerordentlichen tschechoslowakischen Volksgerichtshof in Opava (Troppau) wurde er am 5. September 1946 zu zehn Jahren Haft verurteilt.[216] Der gegen ihn erhobene Vorwurf lautete, er sei als Parteiredner in der NSDAP aktiv gewesen. Das war nicht ganz falsch, jedoch bezogen sich seine Reden auf Fragen der regionalen und lokalen Wirtschaftspolitik, insbesondere des Baugewerbes.[217] Das reichte nach § 3 des Großen Retributionsdekrets vom 19. Juni 1945[218] zu einer solchen Verurteilung aus. Die erwähnten tschechischen Häftlinge, die durch Irblichs Einsatz aus dem KZ freigekommen waren, wurden vom Gericht nicht gehört, vielmehr des

---

215 Irblich (2001/18), S. 11.
216 Irblich (2001/18), S. 12.
217 Telefonische Auskunft von Helmut Irblich, 18.10.2018.
218 In der Systematik der 143 Beneš-Dekrete hat dieser Erlass die Nr. 16. Die beiden Retributionsdekrete vom 19.6. und 27.10.1945 („Kleines Retributionsdekret") gehören zu den rund 15 Dekreten, die die formalrechtliche Grundlage der Vertreibung und Enteignung der Sudetendeutschen bilden.

Verhandlungssaales verwiesen und dabei für ihren Entlastungsversuch eines Deutschen sogar selbst mit Strafe bedroht. Franz Irblich wurde zu zehn Jahren schweren Kerkers und zu Zwangsarbeit in der Kupferproduktion unter katastrophalen Bedingungen verurteilt. Im Jahre 1956 wurde er entlassen. So konnte er zu seiner Familie in Westdeutschland (Schweinfurt) aussiedeln. Bereits im Jahre 1960 verstarb er im Alter von erst 55 Jahren an den Folgen der Haftbedingungen und der Zwangsarbeit, bei der er sich schwere innere Vergiftungen zugezogen hatte.[219]

Nach der Rückgabe der Synagoge im Jahre 1999 wurde der in der Substanz gut erhaltene Bau aufwendig saniert, und der Innenraum erhielt seine frühere prächtige Ausgestaltung mit einer Kassettendecke im sephardischen (maurischen) Stil wieder. Die Renovierungsarbeiten von 2003 bis 2014 waren Teil eines Projekts zur Rettung und Pflege des jüdischen Kulturerbes, das die kostspieligen Renovierungen bzw. Rekonstruktionen von 15 bedeutenden jüdischen Baudenkmälern in der Tschechischen Republik ermöglichte. Wegen der Standorte der Denkmäler in zehn Städten wurde das Projekt Zehn-Sterne-Projekt genannt.[220]

Die Empore der Synagoge. Wände, Kassettendecke und viele weitere Austattungselemente sind im sephardischen (maurischen) Stil gestaltet.

---

219 Irblich (2001/18), S. 13 und Beiblatt, S. 2.
220 Siehe oben den Beitrag von Tomáš Kraus, S. 108.

Die Kosten beliefen sich auf etwa 280 Millionen tschechische Kronen – umgerechnet über zehn Millionen Euro –, von denen 85 % durch den Europäischen Fonds für regionale Entwicklung und 15 % durch den tschechischen Staat getragen wurden. Für die Synagoge von Krnov wurden davon umgerechnet mehr als 1,2 Millionen Euro aufgewendet.[221] Sie zählt zu den renovierten Synagogen, die heute Dauerausstellungen beherbergen. In der Ausstellung der Synagoge von Krnov geht es um jüdische Industrielle und Forscher, die aus der Region von Jägerndorf (Krnov) stammten und einen Beitrag zur technischen und wissenschaftlichen Entwicklung geleistet haben.[222] Zusammen mit Nebengebäuden, die Tagungs- und Übernachtungsräume sowie Sanitär- und Küchenräume enthalten, dient das Gebäudeensemble als ein Kultur- und Bildungszentrum für (Mährisch-)Schlesien. An der sudetendeutsch-tschechisch-jüdischen Kooperation hat sich auch der 1930 geborene Helmut Irblich zusammen mit dem Heimatkreis Jägerndorf e. V. intensiv beteiligt. Seit den frühen 1990er Jahren wird auf Initiative des Heimatkreises Jägerndorf alljährlich im September eine deutsch-tschechische Kulturwoche in Krnov (Jägerndorf) durchgeführt, unter anderem mit Konzerten und anderen Veranstaltungen in der Synagoge, an deren Konzeption Helmut Irblich maßgeblich mitgewirkt hat.

Seinem Vater gebührt das entscheidende Verdienst um die Rettung dieser Synagoge. Dies wird heute jedenfalls von jüdischer Seite vorbehaltlos anerkannt. Im Vorraum der Synagoge ist ein Porträtbild von ihm zu sehen mit folgender Inschrift in deutscher und tschechischer Sprache: „Franz Irblich, Retter der Synagoge."[223] Bemühungen von sudetendeutscher und auch jüdischer Seite, zusätzlich auf der Außenseite der Synagoge auf dieses Verdienst hinzuweisen, sind bisher wegen tschechischer Vorbehalte ohne Erfolg geblieben.[224]

---

221 Czech Radio/Radio Praha: Zehn-Sterne-Projekt: Jüdische Synagogen und Friedhöfe saniert. 28-01-2017. http://www.radio.cz/de/rubrik/kultur/zehn-sterne-projekt-juedische-synagogen-und-friedhoefe … und www.10hvezd.cz; jeweils Zugriff am 05.03.2018.
222 Siehe ebenda.
223 Telefonische Auskunft von Helmut Irblich, 21.11.2018
224 Telefonische Auskunft von Helmut Irblich, 29.11.2018

Autorinnen und Autoren

Ing. Stanislav Děd: Heimatforscher und ehemaliger langjähriger Leiter des Regionalmuseums Komotau (Chomutov)

Dr. Eva Doležalová: Wissenschaftliche Mitarbeiterin des Historischen Instituts der Akademie der Wissenschaften der Tschechischen Republik in Prag

Dr. Wolf-Dieter Hamperl: Ehem. Chirurg, Heimatforscher, Bundeskulturreferent der Sudetendeutschen Landsmannschaft und Kulturwart des Bundes der Egerländer Gemeinden Deutschlands

Prof. Dr. Dr. h.c.mult. Wilfried Heller: Prof. em. Universität Potsdam, Lehrstuhl Sozial- und Kulturgeographie mit dem Schwerpunkt Migrationsforschung

Dr. Tomáš Kraus: Jurist und Geschäftsführer der Föderation der jüdischen Gemeinden in der Tschechischen Republik

Werner Pöllmann: Ehem. Geographielehrer, Heimatforscher und Denkmalpfleger in Markneukirchen (Sächsisches Vogtland)

Dr. Sebastian Schott: Historiker und Wissenschaftlicher Mitarbeiter des Stadtmuseums Weiden

Doz. PhDr. Blanka Soukupová, CSc.: Ethnologin und Historikerin, Karlsuniversität Prag